字 課

# 澄衷蒙學堂

圖 說

精讲复刻版

汉语拼音检字表

# A

ā 阿 卷一 三十五
āi 埃 卷一 三十六
āi 哀 卷四 十一
ǎi 靄（靄） 卷一 六
ǎi 藹（藹） 卷四 六十三
ǎi 矮 卷四 七十三
ài 爱（愛） 卷一 三十五
ài 隘 卷一 四十八
ài 艾 卷三 六十二
ài 碍（礙） 卷四 五十八
ān 安 卷一 三十四
ān 庵（盦） 卷一 六十六
ān 鞍 卷三 三十九
àn 暗（闇） 卷一 八
àn 岸 卷一 四十六
àn 案 卷三 二十二
àn 按 卷四 三十七
áng 昂 卷四 四
āo 凹 卷二 六十八
áo 嫯 卷三 八十九
áo 鳌（鼇） 卷三 九十五
ào 澳 卷一 三十三
ào 奥（奧） 卷一 三十九
ào 傲 卷二 四十三

# B

ba 罢（罷） 卷四 六十
bā 巴 卷一 四十二
bā 八 卷三 二
bā 捌 卷三 三
bá 拔 卷四 三十九
bǎ 把 卷四 三十四
bà 坝（壩） 卷一 四十八
bà 伯 卷二 二十九
bà 霸 卷二 三十五
bà 罢（罷） 卷四 六十
bái 白 卷三 八
bǎi 伯 卷二 二十九
bǎi 摆（擺） 卷二 六十四
bǎi 百 卷三 二
bǎi 柏 卷三 七十
bài 败（敗） 卷二 十九
bài 稗 卷二 九十四
bài 拜 卷四 三十二
bān 班 卷一 四十
bān 颁（頒） 卷二 二
bān 般 卷三 六
bān 斑 卷三 九
bǎn 板（版） 卷三 三十五
bàn 半 卷三 一
bàn 瓣 卷三 五十七
bàn 伴 卷四 九
bàn 办（辦） 卷四 五十五
bāng 邦 卷一 四十三
bāng 彭 卷二 二十七
bǎng 榜（榜） 卷三 三十七
bàng 镑（鎊） 卷三 四
bàng 蚌 卷三 九十六
bàng 傍 卷四 六
bàng 谤（謗） 卷四 二十六
bāo 胞 卷二 七十九
bāo 剥（剝） 卷三 四十三
bāo 苞 卷三 五十八
báo 雹 卷一 六
báo 薄 卷四 六十一
bǎo 饱（飽） 卷二 九十
bǎo 宝（寶） 卷三 十九
bǎo 葆 卷三 六十
bǎo 鸨（鴇） 卷三 七十七
bǎo 保 卷四 五十一
bào 暴 卷二 四十五
bào 豹 卷三 八十三
bào 鲍（鮑） 卷三 九十三
bào 报（報） 卷四 三十
bào 抱（裦） 卷四 三十二
bēi 碑 卷二 十四
bēi 背 卷二 七十七
bēi 杯 卷三 三十一
bēi 悲 卷四 十二
bēi 卑 卷四 六十一
běi 北 卷一 十六
bèi 孛 卷一 三
bèi 悖 卷二 四十二
bèi 倍 卷二 七十一
bèi 背 卷二 七十七
bèi 被 卷三 十四
bèi 贝（貝） 卷三 二十一
[illegible] 五十
bèi 辈（輩） 卷四 七十六
bēn 奔 卷四 四十五
běn 本 卷三 六十九
bēng 崩 卷二 八十四
bī 逼 卷四 八
bí 鼻 卷二 七十六
bǐ 俾 卷一 三十五
bǐ 比 卷一 四十
bǐ 鄙 卷一 四十八
bǐ 笔（筆） 卷二 十六
bǐ 妣 卷二 二十九
bǐ 彼 卷四 七十五
bì 比 卷一 四十
bì 秘（祕） 卷一 四十二
bì 陛 卷一 六十
bì 庇 卷一 七十一
bì 闭（閉） 卷一 七十一
bì 跸（蹕） 卷二 四
bì 辟 卷二 二十八
bì 婢 卷二 三十六
bì 臂 卷二 八十
bì 碧 卷三 八
bì 币（幣） 卷三 十六
bì 壁 卷三 二十
bì 敝 卷三 四十三
bì 嬖 卷四 十五
bì 避 卷四 四十五
bì 费（費） 卷四 五十五
bì 弊（獘） 卷四 五十八
bì 毕（畢） 卷四 六十
bì 蔽 卷四 七十一
bì 必 卷四 八十四
biān 边（邊） 卷一 五十
biān 笾（籩） 卷二 五
biān 编（編） 卷二 十五
biān 鞭 卷三 三十九
biān 鳊（鯿） 卷三 九十四
biān 蝙 卷三 九十八
biǎn 贬（貶） 卷二 五十
biǎn 窆 卷二 八十四
biǎn 匾 卷三 二十二
biǎn 扁 卷四 六十六
biàn 汴 卷一 二十三
biàn 辫（辮） 卷二 七十五
biàn 弁 卷三 十一
biàn 辨 卷四 二十三
biàn 变（變） 卷四 四十九
biàn 遍（徧） 卷四 五十八
biàn 便 卷四 八十二
biāo 标（標） 卷三 四十七
biǎo 表 卷一 十六
biē 鳖（鼈） 卷三 九十五
bié 别 卷四 五十九
bīn 濒（瀕） 卷一 五十四
bīn 豳 卷二 二十七
bīn 宾（賓） 卷二 三十三
bīn 彬 卷四 六十五
bìn 鬓（鬢） 卷二 七十九

bìn 殡（殯） 卷二 八十五
bìn 摈（擯） 卷四 三十二
bīng 冰 卷一 五十九
bīng 兵 卷二 十七
bǐng 丙 卷一 十三
bǐng 屏 卷一 六十八
bǐng 禀（稟） 卷二 十五
bǐng 饼（餅） 卷二 八十七
bǐng 秉 卷二 九十五
bǐng 柄 卷三 三十五
bǐng 炳 卷四 六十五
bìng 病 卷二 八十三
bìng 并（並） 卷四 四十一
bìng 并 卷四 七十九
bō 波 卷一 三十五
bō 玻 卷二 六十二
bō 番 卷三 七
bō 钵（鉢） 卷三 三十三
bō 剥（剝） 卷三 四十三
bō 播 卷四 三十九
bó 伯 卷二 二十九
bó 博 卷二 五十二
bó 铂（鉑） 卷二 六十
bó 帛 卷三 十六
bó 泊 卷三 五十
bó 驳（駁） 卷三 九十
bó 搏 卷四 三十五
bó 薄 卷四 六十一
bó 勃 卷四 七十二
bǒ 跛 卷四 四十七
bò 薄 卷四 六十一
bǔ 捕 卷二 九
bǔ 卜 卷二 五十五
bǔ 补（補） 卷二 九十六
bù 簿 卷二 十三
bù 部 卷二 四十八
bù 布 卷三 十六
bù 步 卷四 四十四
bù 不 卷四 八十四

# C

cāi 猜 卷四 十五
cái 才（材） 卷二 三十七
cái 财（財） 卷三 二十一
cái 才（纔） 卷四 七十九
cǎi 采 卷三 九
cài 蔡 卷二 二十四
cài 采 卷三 九
cài 菜 卷三 五十四
cān 餐 卷二 八十七
cān 参（參） 卷三 三
cān 骖（驂） 卷三 九十
cán 残（殘） 卷二 四十五
cán 蚕（蠶） 卷三 百零一
cán 惭（慚） 卷四 十三
cǎn 惨（慘） 卷四 十二
càn 粲 卷二 九十三
càn 灿（燦） 卷四 六十四
cāng 沧（滄） 卷一 五十四
cāng 仓（倉） 卷一 六十八
cāng 苍（蒼） 卷三 八
cáng 藏 卷一 三十
cāo 操 卷四 三十四
cáo 漕 卷二 二
cáo 曹 卷二 四十八
cáo 槽 卷三 四十
cǎo 草 卷三 五十九
cè 侧（側） 卷一 十五
cè 厕（廁） 卷一 六十七
cè 策 卷二 十三
cè 册 卷二 十四
cè 测（測） 卷三 四十六
cè 恻（惻） 卷四 十二
cēn 参（參） 卷三 三
céng 曾 卷二 二十八
céng 层（層） 卷三 六
chā 差 卷二 五十
chā 叉 卷三 四十一
chā 插 卷四 三十八
chá 槎 卷三 三十八
chá 茶 卷三 五十六
chá 察 卷四 十七
chà 差 卷二 五十
chāi 差 卷二 五十
chāi 钗（釵） 卷三 十八
chái 柴 卷三 七十
chái 豺 卷三 八十六
chài 虿（蠆） 卷三 百零一
chán 廛 卷一 六十六
chán 禅（禪） 卷二 九十七
chán 单（單） 卷三 一
chán 缠（纏） 卷三 四十四
chán 蟾 卷三 九十六
chán 蝉（蟬） 卷三 九十九
chán 谗（讒） 卷四 二十六
chǎn 谄（諂） 卷二 四十三
chǎn 产（產） 卷四 一
chàn 忏（懺） 卷二 九十八
chāng 昌 卷二 四十一
chāng 倡（娼） 卷二 五十六
cháng 场（場） 卷一 四十七
cháng 偿（償） 卷二 五十二
cháng 肠（腸） 卷二 七十八
cháng 裳 卷三 十三
cháng 尝（嘗） 卷四 三十一
cháng 长（長） 卷四 六十一
cháng 常 卷四 八十五
chǎng 场（場） 卷一 四十七
chǎng 厂（廠） 卷一 六十三
chǎng 敞 卷四 六十九
chàng 倡 卷二 五十六
chàng 怅（悵） 卷四 十二
chàng 唱 卷四 二十七
chàng 畅（暢） 卷四 六十九
chāo 钞（鈔） 卷三 二十一
chāo 超 卷四 四十六
chāo 绰（綽） 卷四 六十四
cháo 潮 卷一 五十八
cháo 朝 卷一 六十
cháo 巢 卷一 七十一
cháo 嘲 卷四 二十六
chē 车（車） 卷二 六十六
chě 扯（撦） 卷二 六十四
chè 掣 卷四 三十九
chè 撤 卷四 四十
chè 彻（徹） 卷四 五十七
chén 晨 卷一 十二
chén 辰 卷一 十四
chén 尘（塵） 卷一 四十七
chén 陈（陳） 卷二 二十四
chén 臣 卷二 二十八
chén 沉（沈） 卷三 五十一
chèn 衬（襯） 卷三 十二
chèn 趁 卷四 四十五
chēng 称（稱） 卷三 五
chēng 蛏（蟶） 卷三 九十七
chēng 撑（撐） 卷四 三十七

cuì 悴 卷四 二
cūn 村（邨） 卷一 四十五
cún 存 卷四 五十
cùn 寸 卷三 四
cuō 磋 卷三 四十五
cuò 错（錯） 卷三 二十一
cuò 措 卷四 四十九

cí 慈 卷四 十八
cí 词（詞） 卷四 二十二
cí 辞（辭） 卷四 三十
cǐ 此 卷四 七十六
cì 赐（賜） 卷二 二
cì 次 卷三 六
cì 刺 卷三 四十二
cì 伺 卷四 五十四
cōng 葱（蔥） 卷三 五十四
cōng 聪（聰） 卷四 十九
cóng 丛（叢） 卷三 七十
cóng 从（從） 卷四 九
cū 粗（麤） 卷四 六十三
cù 卒 卷二 十七
cù 醋 卷二 八十八
cù 促 卷四 五十四
cù 猝 卷四 六十八
cuàn 篡 卷二 四十六
cuàn 爨 卷三 五十二
cuàn 窜（竄） 卷四 四十四
cuī 衰 卷二 八十六
cuī 摧 卷四 三十六
cuī 催 卷四 五十四
cuì 翠 卷三 八十一

chuán 船 卷三 三十六
chuàn 串 卷四 五十九
chuàn 钏（釧） 卷三 十八
chuāng 窗 卷一 六十九
chuāng 创（創） 卷四 四十八
chuáng 床（牀） 卷三 二十三
chuàng 创（創） 卷四 四十八
chuī 炊 卷三 五十二
chuī 吹 卷四 三十
chuí 垂 卷四 四十一
chūn 春 卷一 十
chūn 椿 卷三 七十二
chún 纯（純） 卷二 三十八
chún 唇（脣） 卷二 七十六
chún 莼（蓴） 卷三 五十五
chún 鹑（鶉） 卷二 七十九
chǔn 蠢 卷二 四十一
chuò 缀（輟） 卷四 五十八
chuò 绰（綽） 卷四 六十四
cī 差 卷二 五十
cí 磁 卷一 五十三
cí 祠 卷一 六十二
cí 瓷 卷三 三十四
cí 雌 卷三 八十二

chóu 愁 卷四 十二
chóu 仇（讎） 卷四 二十八
chǒu 丑 卷一 十四
chòu 臭 卷三 十
chū 樗 卷三 七十二
chū 出 卷四 四十二
chū 初 卷四 四十八
chú 厨（廚） 卷一 六十八
chú 除 卷二 七十一
chú 锄（鋤） 卷三 四十一
chú 刍（芻） 卷三 六十四
chǔ 楚 卷一 二十二
chǔ 储（儲） 卷二 二十九
chǔ 杵 卷三 二十九
chǔ 处（處） 卷四 九
chù 黜 卷二 五十
chù 畜 卷三 八十四
chù 处（處） 卷四 九
chù 触（觸） 卷四 七十一
chuāi 揣 卷四 三十六
chuān 川 卷一 二十六
chuān 穿 卷三 四十三
chuán 椽 卷一 六十九
chuán 传（傳） 卷二 六十三

chǐ 尺 卷三 四
chǐ 耻（恥） 卷四 十四
chì 赤 卷三 八
chì 炽（熾） 卷三 五十三
chì 翅（翄） 卷三 八十二
chì 叱 卷四 二十八
chì 斥 卷四 二十八
chì 饬（飭） 卷四 五十四
chì 啻 卷四 八十三
chōng 冲（衝） 卷一 四十七
chōng 舂 卷二 九十五
chōng 冲（沖） 卷四 六十六
chōng 充 卷四 六十九
chóng 重 卷二 六十五
chóng 虫（蟲） 卷三 九十八
chóng 崇 卷四 六十五
chǒng 宠（寵） 卷四 十六
chōu 抽 卷四 三十八
chóu 仇 卷二 四十三
chóu 畴（疇） 卷二 五十四
chóu 绸（綢） 卷三 十六
chóu 筹（籌） 卷三 三十
chóu 酬 卷三 四十七
chóu 俦（儔） 卷四 九

chéng 城 卷一 四十四
chéng 程 卷二 一
chéng 惩（懲） 卷二 九
chéng 诚（誠） 卷二 三十九
chéng 丞 卷二 四十八
chéng 乘 卷二 七十一
chéng 澄（澂） 卷三 四十九
chéng 橙 卷三 六十七
chéng 承 卷四 三十三
chéng 呈 卷四 五十二
chéng 成 卷四 五十七
chéng 盛 卷四 六十五
chěng 骋（騁） 卷三 九十一
chèng 称（稱） 卷三 五
chī 笞 卷二 十一
chī 痴（癡） 卷二 四十一
chī 鸱（鴟） 卷三 七十七
chī 吃 卷四 三十一
chí 池 卷一 五十九
chí 驰（馳） 卷三 九十一
chí 持 卷四 三十四
chí 迟（遲） 卷四 四十四
chǐ 侈 卷二 四十四
chǐ 齿（齒） 卷二 七十六

# D

| | | |
|---|---|---|
| dá | 达(達) | 卷一 四十九 |
| dá | 答 | 卷四 二十四 |
| dǎ | 打 | 卷四 三十六 |
| dà | 大 | 卷一 十八 |
| dǎi | 逮 | 卷四 七十九 |
| dài | 代 | 卷一 九 |
| dài | 带(帶) | 卷一 十七 |
| dài | 岱 | 卷一 五十二 |
| dài | 贷(貸) | 卷二 五十二 |
| dài | 黛 | 卷三 十 |
| dài | 戴 | 卷四 八 |
| dài | 怠 | 卷四 十四 |
| dài | 逮 | 卷四 七十九 |
| dài | 殆 | 卷四 八十三 |
| dān | 丹 | 卷一 四十一 |
| dān | 耽(酖) | 卷二 八十九 |
| dān | 单(單) | 卷三 一 |
| dān | 担(擔) | 卷三 四十八 |
| dǎn | 胆(膽) | 卷二 七十八 |
| dàn | 旦 | 卷一 十二 |
| dàn | 弹(彈) | 卷二 二十二 |
| dàn | 石 | 卷一 五十三 |
| dàn | 淡 | 卷二 五十七 |
| dàn | 担(擔) | 卷三 四十八 |
| dàn | 惮(憚) | 卷四 十三 |
| dàn | 但 | 卷四 七十八 |
| dāng | 当(當) | 卷四 八十二 |
| dǎng | 党(黨) | 卷一 四十四 |
| dàng | 荡(蕩) | 卷四 六十六 |
| dàng | 当(當) | 卷四 八十二 |
| dāo | 刀 | 卷二 十九 |
| dāo | 叨 | 卷四 八十二 |
| dǎo | 岛(島) | 卷一 五十一 |
| dǎo | 祷(禱) | 卷二 三 |
| dǎo | 倒 | 卷四 七 |
| dǎo | 导(導) | 卷四 九 |
| dǎo | 蹈 | 卷四 四十一 |
| dào | 道 | 卷一 十七 |
| dào | 纛 | 卷二 二十三 |
| dào | 盗(盜) | 卷二 四十六 |
| dào | 稻 | 卷二 九十三 |
| dào | 倒 | 卷四 七 |
| dào | 悼 | 卷四 十二 |
| dào | 到 | 卷四 四十三 |
| de | 得 | 卷四 五十八 |
| de | 的 | 卷四 八十二 |
| dé | 德 | 卷一 三十八 |
| dé | 得 | 卷四 五十八 |
| děi | 得 | 卷四 五十八 |
| dēng | 镫(鐙) | 卷三 二十五 |
| dēng | 登 | 卷四 四十二 |
| děng | 等 | 卷二 七十一 |
| dèng | 邓(鄧) | 卷二 二十五 |
| dèng | 凳 | 卷三 二十三 |
| dī | 低 | 卷一 十六 |
| dī | 堤(隄) | 卷一 四十八 |
| dī | 氐 | 卷一 五十 |
| dī | 滴 | 卷一 五十九 |
| dī | 提 | 卷四 三十四 |
| dí | 籴(糴) | 卷二 五十二 |
| dí | 狄 | 卷一 五十 |
| dí | 笛 | 卷二 七 |
| dí | 敌(敵) | 卷二 十九 |
| dí | 嫡 | 卷二 三十二 |
| dí | 荻 | 卷三 六十一 |
| dí | 涤(滌) | 卷四 四 |
| dí | 适(適) | 卷四 四十六 |
| dí | 的 | 卷四 八十二 |
| dǐ | 氐 | 卷一 五十 |
| dǐ | 砥 | 卷一 五十三 |
| dǐ | 邸 | 卷一 六十六 |
| dǐ | 抵 | 卷二 六十三 |
| dǐ | 柢 | 卷三 六十九 |
| dǐ | 提 | 卷四 三十四 |
| dǐ | 底 | 卷四 七十四 |
| dì | 地 | 卷一 十七 |
| dì | 帝 | 卷二 二十八 |
| dì | 弟 | 卷二 三十 |
| dì | 娣 | 卷二 三十一 |
| dì | 第 | 卷三 七 |
| dì | 缔(締) | 卷三 四十四 |
| dì | 棣 | 卷三 七十四 |
| dì | 递(遞) | 卷四 四十六 |
| dì | 的 | 卷四 八十二 |
| diān | 滇 | 卷一 二十八 |
| diān | 颠(顛) | 卷四 七 |
| diǎn | 典 | 卷二 十二 |
| diǎn | 点(點) | 卷二 六十九 |
| diàn | 电(電) | 卷一 五 |
| diàn | 殿 | 卷一 六十 |
| diàn | 店 | 卷一 六十六 |
| diàn | 奠 | 卷二 八十五 |
| diàn | 玷 | 卷三 二十一 |
| diàn | 垫(墊) | 卷三 四十八 |
| diāo | 刁 | 卷二 四十五 |
| diāo | 雕 | 卷三 七十七 |
| diāo | 貂 | 卷三 八十六 |
| diāo | 凋 | 卷四 七十三 |
| diào | 钓(釣) | 卷二 五十五 |
| diào | 吊(弔) | 卷二 八十五 |
| diào | 调(調) | 卷四 二十六 |
| diē | 跌 | 卷四 四十七 |
| dié | 谍(諜) | 卷二 十九 |
| dié | 叠(疊) | 卷三 六 |
| dié | 蝶(蜨) | 卷三 九十九 |
| dié | 迭 | 卷四 五十六 |
| dīng | 丁 | 卷一 十三 |
| dīng | 钉(釘) | 卷三 三十五 |
| dǐng | 鼎 | 卷二 四 |
| dǐng | 顶(頂) | 卷二 四十九 |
| dìng | 定 | 卷四 六 |
| dōng | 冬 | 卷一 十 |
| dōng | 东(東) | 卷一 十六 |
| dǒng | 董 | 卷二 二十七 |
| dòng | 洞 | 卷一 五十二 |
| dòng | 栋(棟) | 卷一 六十九 |
| dòng | 动(動) | 卷二 六十二 |
| dōu | 都 | 卷一 十八 |
| dōu | 兜 | 卷三 十八 |
| dǒu | 斗 | 卷一 三 |
| dòu | 豆 | 卷二 五 |
| dòu | 读(讀) | 卷四 三十 |
| dòu | 斗(鬭) | 卷四 六十 |
| dū | 都 | 卷一 十八 |
| dū | 督 | 卷二 四十八 |
| dú | 渎(瀆) | 卷一 五十八 |
| dú | 牍(牘) | 卷二 十四 |
| dú | 毒 | 卷二 四十六 |
| dú | 犊(犢) | 卷三 八十八 |
| dú | 读(讀) | 卷四 三十 |
| dú | 独(獨) | 卷四 七十八 |
| dǔ | 笃(篤) | 卷二 三十八 |
| dǔ | 赌(賭) | 卷二 五十六 |
| dǔ | 睹(覩) | 卷四 二十 |
| dù | 渡 | 卷一 四十六 |
| dù | 妒 | 卷二 四十三 |
| dù | 度 | 卷三 四 |
| dù | 杜 | 卷三 六十三 |
| dù | 蠹 | 卷三 百零二 |
| duān | 端 | 卷二 三十九 |
| duǎn | 短 | 卷四 六十一 |
| duàn | 段 | 卷三 六 |
| duàn | 断(斷) | 卷三 四十三 |
| duī | 堆 | 卷一 四十八 |

duì 队（隊） 卷二 十七
duì 兑 卷二 五十一
duì 对（對） 卷四 二十四
dūn 敦 卷二 三十八
dūn 吨（噸） 卷三 五
dùn 盾 卷二 二十二
dùn 顿（頓） 卷四 二
dùn 钝（鈍） 卷四 六十七
duō 多 卷三 一
duó 铎（鐸） 卷二 六
duó 度 卷三 四
duó 夺（奪） 卷四 三十四
duǒ 朵 卷三 五十八
duò 隋 卷二 二十四
duò 舵（柁） 卷三 三十七
duò 惰 卷四 十五

# E

ē 阿 卷一 三十五
é 俄 卷一 三十六
é 额（額） 卷二 七十四
é 鹅（鵝） 卷三 八十一
é 蛾 卷三 一百
é 讹（訛） 卷四 二十九
è 鄂 卷一 二十二
è 恶（惡） 卷二 四十一
è 饿（餓） 卷二 九十
è 萼 卷三 五十七
è 鳄（鱷） 卷三 九十五
ēn 恩 卷四 五十三
ěr 迩（邇） 卷一 四十八
ěr 耳 卷二 七十五

# F

fā 发（發） 卷四 五十
fá 罚（罰） 卷二 十
fá 伐 卷二 十八
fá 乏 卷四 五十九
fǎ 法 卷一 三十八
fà 发（髮） 卷二 八十二
fān 藩 卷二 四十八
fān 番 卷三 七
fān 帆 卷三 三十八
fān 翻 卷四 七十二
fán 樊 卷一 六十七
fán 矾（礬） 卷二 六十一
fán 番 卷三 七
fán 烦（煩） 卷四 十九
fán 繁 卷四 六十九
fán 凡 卷四 七十七
fǎn 返 卷四 四十三
fǎn 反 卷四 七十二
fàn 犯 卷二 九
fàn 范 卷二 二十六
fàn 贩（販） 卷二 五十一
fàn 饭（飯） 卷二 八十七
fàn 范（範） 卷三 三十六
fàn 泛（汎） 卷三 四十九
fāng 方 卷二 七十
fāng 芳 卷三 五十八
fáng 房 卷一 六十四
fáng 防 卷一 六十五
fáng 妨 卷四 五十八
fǎng 纺（紡） 卷二 九十六
fǎng 舫 卷三 三十六
fǎng 访（訪） 卷四 二十四
fǎng 放 卷四 四十
fǎng 仿 卷四 四十九
fàng 放 卷四 四十
fēi 非 卷一 三十二
fēi 妃 卷二 二十八
fēi 菲 卷三 六十
fēi 飞（飛） 卷三 八十二
fēi 蜚 卷三 百零一
féi 肥 卷四 二
fěi 匪 卷二 四十六
fěi 菲 卷三 六十
fěi 蜚 卷三 百零一
fèi 肺 卷二 七十七
fèi 沸 卷三 四十九
fèi 费（費） 卷四 五十五
fèi 废（廢） 卷四 五十八
fēn 分 卷二 七十一
fēn 纷（紛） 卷四 六十八
fén 汾 卷一 二十四
fén 坟（墳） 卷二 八十六
fén 焚 卷三 五十二
fěn 粉 卷二 九十五
fèn 分 卷二 七十一
fèn 粪（糞） 卷二 九十二
fèn 愤（憤） 卷四 十四
fèn 忿 卷四 十四
fèn 奋（奮） 卷四 七十二
fēng 风（風） 卷一 五
fēng 峰（峯） 卷一 五十五
fēng 锋（鋒） 卷二 二十
fēng 封 卷二 五十
fēng 烽 卷三 五十三
fēng 枫（楓） 卷三 七十五
fēng 蜂（蠭） 卷三 九十九
fēng 丰 卷四 二
fēng 丰（豐） 卷四 六十四
féng 冯（馮） 卷二 二十七
féng 缝（縫） 卷二 九十六
féng 逢 卷四 四十五
fěng 讽（諷） 卷四 二十五
fèng 奉 卷一 十九
fèng 俸 卷二 五十
fèng 缝（縫） 卷二 九十六
fèng 凤（鳳） 卷三 七十六
fó 佛 卷二 九十七
fǒu 缶 卷三 三十三
fǒu 否 卷四 二十九
fǒu 不 卷四 八十四
fū 夫 卷二 三十
fū 肤（膚） 卷二 七十二
fū 敷 卷四 五十
fú 伏 卷一 九
fú 夫 卷二 三十
fú 孚 卷二 三十九
fú 福 卷二 四十
fú 弗 卷二 五十七
fú 佛 卷二 九十七
fú 服 卷三 十一
fú 幅 卷三 十三
fú 黻 卷三 十五
fú 符 卷三 三十
fú 浮 卷三 四十九
fú 芙 卷三 五十九
fú 凫（鳧） 卷三 七十八

fú 蝠 卷三 九十八
fú 蜉 卷三 一百
fú 蚨 卷三 百零三
fú 扶 卷四 三十二
fú 拂 卷四 三十八
fǔ 府 卷一 四十三
fǔ 簠 卷二 五
fǔ 斧 卷二 二十
fǔ 父 卷二 二十九
fǔ 抚（撫） 卷二 四十八
fǔ 腑 卷二 八十一
fǔ 腐 卷二 八十九
fǔ 黼 卷三 十五
fǔ 俯（俛，頫） 卷四 七
fǔ 辅（輔） 卷四 五十
fǔ 甫 卷四 七十六
fù 阜 卷一 五十五
fù 赋（賦） 卷二 十二
fù 父 卷二 二十九
fù 妇（婦） 卷二 三十
fù 傅 卷二 三十三
fù 负（負） 卷二 四十三
fù 副 卷二 四十九
fù 富 卷二 五十一
fù 腹 卷二 七十七
fù 讣（訃） 卷二 八十五
fù 缚（縛） 卷三 四十四
fù 鲋（鮒） 卷三 九十三
fù 复（復） 卷四 四十三
fù 付 卷四 五十四
fù 附 卷四 五十六
fù 复（複） 卷四 七十一
fù 覆 卷四 七十二

# G

gāi 该（該） 卷四 七十七
gǎi 改 卷四 四十九
gài 盖（蓋） 卷四 七十七
gài 概 卷四 八十
gān 干（乾） 卷一 七
gān 干（榦） 卷一 十三
gān 甘 卷一 二十五
gān 干 卷二 四十三
gān 杆 卷二 六十五
gān 肝 卷二 七十八
gān 竿 卷三 四十一
gān 柑 卷三 六十七
gǎn 杆 卷二 六十五
gǎn 感 卷四 十二
gǎn 敢 卷四 八十二
gàn 干（榦） 卷一 十三
gàn 赣（贛） 卷一 二十一
gāng 冈（岡） 卷一 五十一
gāng 纲（綱） 卷二 一
gāng 刚（剛） 卷二 四十
gāng 钢（鋼） 卷二 五十九
gāng 缸 卷三 三十四
gāng 亢 卷四 六十一
gǎng 港 卷一 五十三
gāo 高 卷一 十六
gāo 皋 卷一 四十七
gāo 膏 卷二 七十三
gāo 糕（餻） 卷二 八十七
gāo 篙 卷三 三十八
gāo 羔 卷三 八十八
gǎo 缟（縞） 卷三 九
gǎo 藁 卷三 五十九
gào 诰（誥） 卷二 十二
gào 膏 卷二 七十三
gào 告 卷四 二十三
gē 歌 卷二 十六
gē 戈 卷二 二十
gē 哥 卷二 三十一
gē 鸽（鴿） 卷三 七十九
gē 割 卷四 五十九
gé 阁（閣） 卷一 六十五
gé 格 卷三 七
gé 葛 卷三 十七
gé 革 卷三 三十四
gé 蛤 卷三 九十七
gé 隔 卷四 七十二
gè 个（箇） 卷三 六
gè 各 卷四 八十
gěi 给（給） 卷四 五十五
gēn 根 卷三 六十九
gèn 艮 卷四 四十四
gēng 庚 卷一 十三
gēng 羹 卷二 八十七
gēng 耕 卷二 九十一
gēng 更 卷四 八十
gěng 梗 卷三 六十九
gěng 鲠（鯁） 卷三 九十二
gèng 更 卷四 八十
gōng 宫 卷一 六十
gōng 功 卷二 十七
gōng 攻 卷二 十八
gōng 弓 卷二 二十一
gōng 龚（龔） 卷二 二十七
gōng 工 卷二 三十五
gōng 恭 卷二 三十八
gōng 公 卷二 四十七
gōng 躬 卷二 七十二
gōng 肱 卷二 八十
gōng 红（紅） 卷三 八
gōng 蚣 卷三 百零一
gōng 共 卷四 五十六
gǒng 汞（澒） 卷二 五十八
gǒng 拱 卷四 三十二
gǒng 共 卷四 五十六
gòng 供 卷四 五十五
gòng 共 卷四 五十六
gōu 沟（溝） 卷一 四十六
gōu 句 卷二 七十
gōu 钩（鉤） 卷三 二十七
gǒu 狗 卷三 八十九
gǒu 苟 卷四 八十四
gòu 彀 卷二 二十一
gòu 垢 卷二 四十四
gòu 购（購） 卷二 五十一
gū 姑 卷二 三十
gū 孤 卷二 三十三
gū 沽 卷二 五十一
gū 毂（轂） 卷三 三十九
gū 箍 卷三 七十五
gǔ 古 卷一 三十
gǔ 谷 卷一 五十五
gǔ 鼓 卷二 八
gǔ 诂（詁） 卷二 十六
gǔ 贾（賈） 卷二 五十一
gǔ 沽 卷二 五十一
gǔ 骨 卷二 七十二

| | | | |
|---|---|---|---|
| gǔ | 股 | 卷二 | 八十 |
| gǔ | 谷（穀） | 卷二 | 九十二 |
| gǔ | 鹄（鵠） | 卷三 | 七十八 |
| gǔ | 蛊（蠱） | 卷三 | 百零二 |
| gǔ | 瞽 | 卷四 | 二十一 |
| gù | 梏 | 卷二 | 十一 |
| gù | 固 | 卷二 | 四十 |
| gù | 顾（顧） | 卷四 | 二十 |
| gù | 故 | 卷四 | 七十八 |
| guā | 瓜 | 卷三 | 六十八 |
| guǎ | 寡 | 卷二 | 三十三 |
| guà | 卦 | 卷二 | 十三 |
| guāi | 乖 | 卷二 | 四十五 |
| guài | 怪 | 卷二 | 九十八 |
| guān | 关（關） | 卷一 | 四十九 |
| guān | 观（觀） | 卷一 | 六十一 |
| guān | 鳏（鰥） | 卷二 | 三十三 |
| guān | 官 | 卷二 | 四十七 |
| guān | 棺 | 卷二 | 八十四 |
| guān | 冠 | 卷三 | 十一 |
| guān | 纶（綸） | 卷三 | 十七 |
| guǎn | 馆（館） | 卷一 | 六十二 |
| guǎn | 管 | 卷二 | 六十九 |
| guàn | 观（觀） | 卷一 | 六十一 |
| guàn | 贯（貫） | 卷二 | 五十三 |
| guàn | 冠 | 卷三 | 十一 |
| guàn | 盥 | 卷三 | 四十六 |
| guàn | 灌 | 卷三 | 五十一 |
| guàn | 惯（慣） | 卷四 | 十七 |
| guāng | 光 | 卷二 | 六十七 |
| guǎng | 广（廣） | 卷一 | 二十七 |
| guī | 闺（閨） | 卷一 | 六十四 |
| guī | 圭 | 卷二 | 四 |
| guī | 规（規） | 卷三 | 三十六 |
| guī | 龟（龜） | 卷三 | 九十五 |
| guī | 归（歸） | 卷四 | 四十三 |
| guǐ | 晷 | 卷一 | 八 |
| guǐ | 癸 | 卷一 | 十三 |
| guǐ | 簋 | 卷二 | 五 |
| guǐ | 鬼 | 卷二 | 九十八 |
| guǐ | 轨（軌） | 卷三 | 三十九 |
| guì | 桂 | 卷一 | 二十七 |
| guì | 贵（貴） | 卷一 | 二十八 |
| guì | 鳜（鱖） | 卷三 | 九十四 |
| guì | 跪 | 卷四 | 四十二 |
| gǔn | 衮 | 卷三 | 十二 |
| gùn | 棍 | 卷三 | 三十六 |
| guō | 郭 | 卷一 | 四十四 |
| guō | 锅（鍋） | 卷三 | 三十四 |
| guó | 国（國） | 卷一 | 四十三 |
| guǒ | 果 | 卷三 | 六十五 |
| guǒ | 裹 | 卷四 | 五十五 |
| guò | 过（過） | 卷二 | 九 |

# H

| | | | |
|---|---|---|---|
| há | 蛤 | 卷三 | 九十七 |
| hái | 孩 | 卷二 | 三十四 |
| hái | 还（還） | 卷四 | 四十三 |
| hǎi | 海 | 卷一 | 三十 |
| hǎi | 醢 | 卷二 | 八十九 |
| hài | 亥 | 卷一 | 十四 |
| hài | 害 | 卷二 | 四十六 |
| hài | 骇（駭） | 卷三 | 九十 |
| hān | 酣 | 卷二 | 八十九 |
| hán | 寒 | 卷一 | 九 |
| hán | 韩（韓） | 卷一 | 三十三 |
| hán | 函 | 卷二 | 十四 |
| hán | 涵 | 卷三 | 五十一 |
| hán | 含 | 卷四 | 三十一 |
| hàn | 旱 | 卷一 | 七 |
| hàn | 汉（漢） | 卷一 | 五十六 |
| hàn | 翰 | 卷二 | 十五 |
| hàn | 汗 | 卷二 | 八十二 |
| hàn | 憾 | 卷四 | 十四 |
| hàn | 悍 | 卷四 | 七十三 |
| háng | 航 | 卷三 | 三十七 |
| háng | 行 | 卷四 | 四十四 |
| hāo | 蒿 | 卷三 | 五十五 |
| háo | 豪 | 卷二 | 四十 |
| háo | 毫 | 卷三 | 五 |
| háo | 号（號） | 卷四 | 二十四 |
| hǎo | 好 | 卷二 | 三十七 |
| hào | 好 | 卷二 | 三十七 |
| hào | 号（號） | 卷四 | 二十四 |
| hào | 浩 | 卷四 | 六十五 |
| hé | 荷 | 卷一 | 四十 |
| hé | 合 | 卷一 | 四十一 |
| hé | 河 | 卷一 | 五十四 |
| hé | 和 | 卷二 | 七十一 |
| hé | 禾 | 卷二 | 九十二 |
| hé | 盒 | 卷三 | 三十一 |
| hé | 涸 | 卷三 | 五十 |
| hé | 核 | 卷三 | 六十五 |
| hé | 翮 | 卷三 | 八十二 |
| hé | 曷 | 卷四 | 八十五 |
| hé | 盍 | 卷四 | 八十五 |
| hé | 何 | 卷四 | 八十五 |
| hè | 荷 | 卷一 | 四十 |
| hè | 壑 | 卷一 | 五十五 |
| hè | 贺（賀） | 卷二 | 三 |
| hè | 和 | 卷二 | 七十一 |
| hè | 褐 | 卷三 | 十三 |
| hè | 鹤（鶴） | 卷三 | 七十六 |
| hè | 赫 | 卷四 | 六十四 |
| hēi | 黑 | 卷一 | 二十九 |
| hén | 痕 | 卷四 | 七十 |
| hèn | 恨 | 卷四 | 十二 |
| hēng | 亨 | 卷四 | 五十七 |
| héng | 横 | 卷一 | 十六 |
| héng | 恒（恆） | 卷一 | 五十二 |
| héng | 衡 | 卷一 | 五十二 |
| hèng | 横 | 卷一 | 十六 |
| hōng | 薨 | 卷二 | 八十四 |
| hōng | 烘 | 卷三 | 五十二 |
| hōng | 轰（轟） | 卷四 | 七十一 |
| hóng | 虹 | 卷一 | 六 |
| hóng | 红（紅） | 卷三 | 八 |
| hóng | 鸿（鴻） | 卷三 | 七十七 |
| hóng | 宏 | 卷四 | 六十五 |
| hóng | 洪 | 卷四 | 六十五 |
| hóu | 侯 | 卷二 | 四十七 |
| hóu | 喉 | 卷二 | 七十六 |
| hóu | 猴 | 卷三 | 八十四 |
| hòu | 候 | 卷一 | 十一 |
| hòu | 后（後） | 卷一 | 十五 |
| hòu | 后 | 卷二 | 二十八 |
| hòu | 鲎（鱟） | 卷三 | 九十七 |

hòu 厚 卷四 六十一
hū 忽 卷三 五
hū 呼 卷四 二十四
hū 乎 卷四 八十六
hú 湖 卷一 五十六
hú 弧 卷二 二十一
hú 胡 卷二 二十七
hú 和 卷二 七十一
hú 糊（餬） 卷二 八十八
hú 斛 卷三 四
hú 瑚 卷三 二十
hú 壶（壺） 卷三 三十一
hú 核 卷三 六十五
hú 鹄（鵠） 卷三 七十八
hú 狐 卷三 八十六
hǔ 虎 卷三 八十三
hù 沪（滬） 卷一 五十七
hù 户 卷一 六十九
hù 笏 卷二 五
hù 扈（鳸） 卷三 七十八
hù 护（護） 卷四 五十四
hù 互 卷四 七十二
huā 花 卷三 五十七
huá 华（華） 卷一 五十二
huá 哗（譁） 卷四 二十五
huá 滑 卷四 六十六
huà 华（華） 卷一 五十二
huà 画（畫） 卷二 五十四
huà 化 卷二 五十七
huà 话（話） 卷四 二十二
huái 淮 卷一 五十六
huái 槐 卷三 七十四
huái 怀（懷） 卷四 十
huài 坏（壞） 卷三 四十三
huān 欢（歡） 卷四 二十七
huán 寰 卷一 四十四
huán 桓 卷二 四十
huán 鬟 卷二 七十五
huán 环（環） 卷三 十九
huán 还（還） 卷四 四十三
huǎn 缓（緩） 卷四 六十八
huàn 宦 卷二 四十七
huàn 换（換） 卷二 五十三
huàn 幻 卷二 六十八
huàn 浣（澣） 卷三 四十七
huàn 患 卷四 十二
huàn 唤（喚） 卷四 二十四
huāng 荒 卷二 九十五
huáng 皇 卷二 二十八
huáng 簧 卷二 七十五
huáng 黄 卷三 八
huáng 篁 卷三 七十五
huáng 凰 卷三 七十六
huáng 蝗 卷三 九十九
huáng 遑 卷四 六
huī 晖（暉） 卷一 七
huī 徽 卷一 二十
huī 麾 卷二 二十三
huī 灰 卷二 六十
huī 虺 卷三 百零三
huī 挥（揮） 卷四 三十七
huí 回 卷二 六十七
huǐ 悔 卷四 十八
huì 彗 卷一 三
huì 晦 卷一 十
huì 绘（繪） 卷二 十五
huì 慧 卷二 三十九
huì 秽（穢） 卷二 四十四
huì 讳（諱） 卷二 八十五
huì 贿（賄） 卷三 二十一
huì 汇（匯） 卷三 五十
huì 卉 卷三 五十九
huì 蕙 卷三 六十二
huì 会（會） 卷四 六
huì 诲（誨） 卷四 二十六
huì 惠 卷四 五十三
hūn 昏 卷一 十二
hūn 阍（閽） 卷二 三十六
hūn 荤（葷） 卷三 十
hūn 婚 卷四 五十一
hún 魂 卷二 八十二
hún 浑（渾） 卷三 五十一
huó 和 卷二 七十一
huó 活 卷四 一
huǒ 伙（夥） 卷二 三十六
huǒ 火 卷三 五十二
huò 霍 卷一 五十二
huò 获（獲） 卷二 十九
huò 祸（禍） 卷二 四十六
huò 获（穫） 卷二 九十一
huò 货（貨） 卷三 二十一
huò 惑 卷四 十五
huò 或 卷四 八十四

# J

jī 期（朞） 卷一 十二
jī 畿 卷一 四十三
jī 基 卷一 七十一
jī 姬 卷二 二十六
jī 机（機） 卷二 六十六
jī 积（積） 卷二 六十九
jī 奇 卷二 七十一
jī 肌 卷二 七十二
jī 齑（齏） 卷二 八十七
jī 饥（飢） 卷二 九十
jī 饥（饑） 卷二 九十
jī 缉（緝） 卷二 九十五
jī 屐 卷三 十四
jī 笄 卷三 十八
jī 玑（璣） 卷三 十九
jī 几 卷三 二十二
jī 箕 卷三 二十八
jī 羁（羈） 卷三 三十九
jī 鸡（雞） 卷三 八十一
jī 激 卷四 十六
jī 讥（譏） 卷四 二十六
jī 击（擊） 卷四 三十五
jī 稽 卷四 四十九
jī 赍（齎） 卷四 五十二
jī 其 卷四 八十五
jí 极（極） 卷一 十七
jí 吉 卷一 二十九
jí 籍 卷二 十三
jí 集 卷二 十四
jí 级（級） 卷二 四十七
jí 疾 卷二 八十三
jí 革 卷三 三十四
jí 楫 卷三 三十七
jí 汲 卷三 四十六
jí 棘 卷三 六十七
jí 瘠 卷四 二
jí 急 卷四 十五
jí 藉 卷四 七十二
jí 及 卷四 七十九
jí 即 卷四 八十一
jǐ 己 卷一 十三
jǐ 济（濟） 卷一 五十六
jǐ 纪（紀） 卷二 一
jǐ 戟 卷二 二十
jǐ 脊 卷二 七十七
jǐ 给（給） 卷四 五十五
jǐ 几（幾） 卷四 八十一
jì 霁（霽） 卷一 七

| | | | |
|---|---|---|---|
| jì | 季 | 卷一 | 九 |
| jì | 济(濟) | 卷一 | 五十六 |
| jì | 纪(紀) | 卷二 | 一 |
| jì | 祭 | 卷二 | 三 |
| jì | 技 | 卷二 | 五十四 |
| jì | 妓 | 卷二 | 五十六 |
| jì | 稷 | 卷二 | 九十三 |
| jì | 绩(績) | 卷二 | 九十五 |
| jì | 髻 | 卷三 | 十八 |
| jì | 剂(劑) | 卷三 | 四十二 |
| jì | 系(繫) | 卷三 | 四十四 |
| jì | 荠(薺) | 卷三 | 六十八 |
| jì | 骥(驥) | 卷三 | 八十七 |
| jì | 骑(騎) | 卷三 | 九十一 |
| jì | 鲫(鯽) | 卷三 | 九十四 |
| jì | 忌 | 卷四 | 十五 |
| jì | 计(計) | 卷四 | 二十三 |
| jì | 记(記) | 卷四 | 三十 |
| jì | 迹 | 卷四 | 四十七 |
| jì | 继(繼) | 卷四 | 四十八 |
| jì | 际(際) | 卷四 | 五十三 |
| jì | 寄 | 卷四 | 五十四 |
| jì | 寂 | 卷四 | 六十二 |
| jì | 暨 | 卷四 | 七十九 |
| jì | 既 | 卷四 | 八十五 |
| jiā | 家 | 卷一 | 六十三 |
| jiā | 笳 | 卷二 | 七 |
| jiā | 枷 | 卷二 | 十一 |
| jiā | 佳 | 卷二 | 三十七 |
| jiā | 嘉 | 卷二 | 四十 |
| jiā | 加 | 卷二 | 七十一 |
| jiā | 茄 | 卷三 | 五十五 |
| jiā | 挟(挾) | 卷四 | 三十三 |
| jiá | 颊(頰) | 卷二 | 七十四 |
| jiá | 袷 | 卷三 | 十二 |
| jiá | 夹(夾) | 卷四 | 三十七 |
| jiǎ | 甲 | 卷一 | 十三 |
| jiǎ | 假 | 卷二 | 四十二 |
| jiǎ | 钾(鉀) | 卷二 | 六十 |
| jiǎ | 槚(檟) | 卷三 | 七十二 |
| jià | 价(價) | 卷二 | 五十三 |
| jià | 稼 | 卷二 | 九十一 |
| jià | 架 | 卷三 | 三十 |
| jià | 驾(駕) | 卷三 | 九十一 |
| jià | 嫁 | 卷四 | 五十一 |
| jiān | 间(間) | 卷一 | 七十一 |
| jiān | 笺(箋) | 卷二 | 十五 |
| jiān | 奸(姦) | 卷二 | 四十五 |
| jiān | 肩 | 卷二 | 七十九 |
| jiān | 缄(緘) | 卷三 | 四十四 |
| jiān | 煎 | 卷三 | 五十三 |
| jiān | 监(監) | 卷四 | 二十 |
| jiān | 兼 | 卷四 | 五十六 |
| jiān | 尖 | 卷四 | 六十六 |
| jiān | 坚(堅) | 卷四 | 六十七 |
| jiān | 艰(艱) | 卷四 | 六十九 |
| jiǎn | 简(簡) | 卷二 | 十三 |
| jiǎn | 柬 | 卷二 | 十四 |
| jiǎn | 检(檢) | 卷二 | 十五 |
| jiǎn | 俭(儉) | 卷二 | 三十八 |
| jiǎn | 硷(鹼) | 卷二 | 六十一 |
| jiǎn | 减(減) | 卷二 | 七十一 |
| jiǎn | 茧(繭) | 卷二 | 九十六 |
| jiǎn | 翦 | 卷三 | 四十五 |
| jiǎn | 拣(揀) | 卷四 | 三十六 |
| jiǎn | 蹇 | 卷四 | 四十七 |
| jiàn | 建 | 卷一 | 二十二 |
| jiàn | 涧(澗) | 卷一 | 五十五 |
| jiàn | 槛(檻) | 卷一 | 七十 |
| jiàn | 剑(劍) | 卷二 | 十九 |
| jiàn | 箭 | 卷二 | 二十一 |
| jiàn | 僭 | 卷二 | 四十三 |
| jiàn | 贱(賤) | 卷二 | 五十 |
| jiàn | 饯(餞) | 卷二 | 九十 |
| jiàn | 件 | 卷三 | 七 |
| jiàn | 鉴(鑑) | 卷三 | 二十六 |
| jiàn | 舰(艦) | 卷三 | 三十七 |
| jiàn | 健 | 卷四 | 二 |
| jiàn | 见(見) | 卷四 | 十九 |
| jiàn | 监(監) | 卷四 | 二十 |
| jiàn | 谏(諫) | 卷四 | 二十五 |
| jiàn | 践(踐) | 卷四 | 四十一 |
| jiàn | 荐(薦) | 卷四 | 五十 |
| jiàn | 渐(漸) | 卷四 | 七十九 |
| jiāng | 疆 | 卷一 | 二十六 |
| jiāng | 江 | 卷一 | 五十四 |
| jiāng | 姜 | 卷二 | 二十六 |
| jiāng | 浆(漿) | 卷二 | 八十八 |
| jiāng | 缰(繮) | 卷三 | 三十九 |
| jiāng | 姜(薑) | 卷三 | 五十四 |
| jiāng | 将(將) | 卷四 | 七十九 |
| jiǎng | 蒋(蔣) | 卷二 | 二十六 |
| jiǎng | 桨(槳) | 卷三 | 三十七 |
| jiǎng | 讲(講) | 卷四 | 二十二 |
| jiàng | 匠 | 卷二 | 五十六 |
| jiàng | 强 | 卷二 | 五十七 |
| jiàng | 酱(醬) | 卷二 | 八十八 |
| jiàng | 绛(絳) | 卷三 | 九 |
| jiàng | 降 | 卷四 | 四十二 |
| jiàng | 将(將) | 卷四 | 七十九 |
| jiāo | 郊 | 卷一 | 四十六 |
| jiāo | 教 | 卷二 | 一 |
| jiāo | 骄(驕) | 卷二 | 四十三 |
| jiāo | 浇(澆) | 卷三 | 四十六 |
| jiāo | 焦 | 卷三 | 五十三 |
| jiāo | 蕉 | 卷三 | 六十三 |
| jiāo | 椒 | 卷三 | 七十三 |
| jiāo | 蛟 | 卷三 | 九十二 |
| jiāo | 娇(嬌) | 卷四 | 一 |
| jiāo | 交 | 卷四 | 七十二 |
| jiǎo | 徼 | 卷一 | 五十 |
| jiǎo | 绞(絞) | 卷二 | 十一 |
| jiǎo | 狡 | 卷二 | 四十四 |
| jiǎo | 角 | 卷二 | 七十 |
| jiǎo | 脚(腳) | 卷二 | 八十 |
| jiǎo | 矫(矯) | 卷四 | 六十三 |
| jiào | 教 | 卷二 | 一 |
| jiào | 校 | 卷一 | 六十一 |
| jiào | 酵 | 卷二 | 五十七 |
| jiào | 较(較) | 卷二 | 七十一 |
| jiào | 轿(轎) | 卷三 | 四十 |
| jiào | 觉(覺) | 卷四 | 十七 |
| jiào | 叫 | 卷四 | 二十七 |
| jiē | 街 | 卷一 | 四十五 |
| jiē | 阶(階) | 卷一 | 六十 |
| jiē | 楷 | 卷二 | 十五 |
| jiē | 接 | 卷四 | 九 |
| jiē | 嗟 | 卷四 | 二十八 |
| jiē | 皆 | 卷四 | 八十 |
| jié | 捷 | 卷二 | 十七 |
| jié | 桀 | 卷二 | 二十七 |
| jié | 杰(傑) | 卷二 | 三十五 |
| jié | 节(節) | 卷二 | 三十八 |
| jié | 劫 | 卷二 | 四十六 |
| jié | 结(結) | 卷二 | 六十五 |
| jié | 袷 | 卷三 | 十二 |
| jié | 洁(潔) | 卷四 | 三 |
| jié | 诘(詰) | 卷四 | 二十四 |
| jié | 讦(訐) | 卷四 | 二十六 |
| jié | 竭 | 卷四 | 七十 |
| jiě | 解 | 卷四 | 十七 |
| jiè | 界 | 卷一 | 五十 |
| jiè | 介 | 卷二 | 四十 |
| jiè | 借 | 卷二 | 五十二 |

# K

| 拼音 | 字 | 出处 |
|---|---|---|
| kǎ | 卡 | 卷一 六十三 |
| kāi | 开（開） | 卷一 七十一 |
| kǎi | 楷 | 卷二 十五 |
| kǎi | 慨 | 卷四 十三 |
| kài | 欬 | 卷四 三十一 |
| kān | 勘 | 卷三 四十二 |
| kān | 刊 | 卷三 四十二 |
| kān | 看 | 卷四 十九 |
| kān | 堪 | 卷四 八十二 |
| kǎn | 坎 | 卷一 五十四 |
| kǎn | 槛（檻） | 卷一 七十 |
| kàn | 看 | 卷四 十九 |
| kāng | 康 | 卷二 四十 |
| kāng | 穅 | 卷二 九十五 |
| kàng | 炕 | 卷三 二十三 |
| kàng | 亢 | 卷四 六十一 |
| kǎo | 考 | 卷二 二十九 |
| kào | 犒 | 卷二 十九 |
| kào | 靠 | 卷四 五 |
| kē | 轲（軻） | 卷二 二十六 |
| kē | 颗（顆） | 卷三 六 |
| kē | 柯 | 卷三 六十九 |
| kē | 科 | 卷三 百零二 |
| ké | 咳（欬） | 卷四 三十一 |
| juàn | 卷 | 卷二 十四 |
| juàn | 眷 | 卷二 三十二 |
| juàn | 绢（絹） | 卷三 十六 |
| jué | 爵 | 卷二 四十九 |
| jué | 角 | 卷二 七十 |
| jué | 较（較） | 卷二 七十一 |
| jué | 玦 | 卷三 十八 |
| jué | 绝（絶） | 卷三 四十三 |
| jué | 掘 | 卷三 四十六 |
| jué | 决（決） | 卷四 十七 |
| jué | 觉（覺） | 卷四 十七 |
| jué | 诀（訣） | 卷四 三十 |
| jué | 厥 | 卷四 八十四 |
| jūn | 军（軍） | 卷二 十七 |
| jūn | 君 | 卷二 二十八 |
| jūn | 钧（鈞） | 卷三 六 |
| jūn | 筠 | 卷三 七十五 |
| jūn | 均 | 卷四 六十七 |
| jùn | 郡 | 卷一 四十三 |
| jùn | 浚（濬） | 卷三 五十一 |
| jùn | 骏（駿） | 卷三 八十七 |
| jùn | 峻 | 卷四 六十五 |
| jū | 拘 | 卷四 三十五 |
| jū | 且 | 卷四 七十七 |
| jú | 局 | 卷一 六十三 |
| jú | 菊（蘜） | 卷三 五十八 |
| jú | 桔（橘） | 卷三 六十七 |
| jǔ | 矩 | 卷三 三十六 |
| jǔ | 举（舉） | 卷四 三十八 |
| jù | 飓（颶） | 卷一 五 |
| jù | 据（據） | 卷二 五十三 |
| jù | 句 | 卷二 七十 |
| jù | 聚 | 卷三 六 |
| jù | 屦（屨） | 卷三 十四 |
| jù | 锯（鋸） | 卷三 三十五 |
| jù | 惧（懼） | 卷四 十三 |
| jù | 拒 | 卷四 三十五 |
| jù | 距 | 卷四 四十七 |
| jù | 遽 | 卷四 四十七 |
| jù | 具 | 卷四 五十 |
| jù | 巨 | 卷四 六十一 |
| jù | 剧（劇） | 卷四 七十四 |
| jù | 讵（詎） | 卷四 七十七 |
| juān | 捐 | 卷四 五十六 |
| juǎn | 卷 | 卷二 十四 |
| juàn | 圈 | 卷一 十七 |
| jìng | 竞（競） | 卷四 五十九 |
| jìng | 靖 | 卷四 六十三 |
| jìng | 净（淨） | 卷四 六十六 |
| jìng | 竟 | 卷四 八十三 |
| jiǒng | 窘 | 卷四 五十九 |
| jiū | 究 | 卷二 十 |
| jiū | 鸠（鳩） | 卷三 七十八 |
| jiǔ | 久 | 卷一 十一 |
| jiǔ | 酒 | 卷二 八十八 |
| jiǔ | 九 | 卷三 二 |
| jiǔ | 玖 | 卷三 三 |
| jiǔ | 韭 | 卷三 五十四 |
| jiù | 厩 | 卷一 六十八 |
| jiù | 救 | 卷二 十八 |
| jiù | 舅 | 卷二 三十 |
| jiù | 咎 | 卷二 四十二 |
| jiù | 柩 | 卷二 八十四 |
| jiù | 臼 | 卷三 三十 |
| jiù | 就 | 卷四 九 |
| jiù | 旧（舊） | 卷四 七十四 |
| jū | 居 | 卷一 七十一 |
| jū | 车（車） | 卷二 六十六 |
| jū | 驹（駒） | 卷三 八十七 |
| jū | 蛆 | 卷三 百零二 |
| jìn | 进（進） | 卷四 四十二 |
| jìn | 尽（盡） | 卷四 七十 |
| jìn | 劲（勁） | 卷四 七十三 |
| jīng | 经（經） | 卷一 十七 |
| jīng | 京 | 卷一 十八 |
| jīng | 泾（涇） | 卷一 五十六 |
| jīng | 旌 | 卷二 二十三 |
| jīng | 晶 | 卷二 六十二 |
| jīng | 睛 | 卷二 七十五 |
| jīng | 粳（秔） | 卷二 九十三 |
| jīng | 茎（莖） | 卷三 五十七 |
| jīng | 荆 | 卷三 六十四 |
| jīng | 鲸（鯨） | 卷三 九十二 |
| jīng | 惊（驚） | 卷四 十三 |
| jīng | 精 | 卷四 六十三 |
| jīng | 兢 | 卷四 六十三 |
| jǐng | 景 | 卷一 七 |
| jǐng | 井 | 卷一 四十五 |
| jǐng | 颈（頸） | 卷二 七十三 |
| jǐng | 警 | 卷四 二十五 |
| jìng | 境 | 卷一 四十三 |
| jìng | 敬 | 卷二 三十九 |
| jìng | 静（靜） | 卷二 六十四 |
| jìng | 镜（鏡） | 卷三 二十五 |
| jiè | 芥 | 卷三 五十四 |
| jiè | 戒 | 卷四 十六 |
| jiè | 藉 | 卷四 七十二 |
| jiè | 届（屆） | 卷四 八十五 |
| jīn | 今 | 卷一 十一 |
| jīn | 津 | 卷一 四十七 |
| jīn | 禁 | 卷二 一 |
| jīn | 金 | 卷二 五十八 |
| jīn | 筋 | 卷二 七十四 |
| jīn | 斤 | 卷三 五 |
| jīn | 襟 | 卷三 十三 |
| jīn | 巾 | 卷三 十五 |
| jīn | 矜 | 卷四 十八 |
| jǐn | 馑（饉） | 卷二 九十 |
| jǐn | 锦（錦） | 卷三 十六 |
| jǐn | 谨（謹） | 卷四 二十五 |
| jǐn | 紧（緊） | 卷四 六十八 |
| jǐn | 仅（僅） | 卷四 七十八 |
| jìn | 晋（晉） | 卷一 二十四 |
| jìn | 近 | 卷一 四十九 |
| jìn | 禁 | 卷二 一 |
| jìn | 觐（覲） | 卷二 三 |
| jìn | 浸 | 卷三 五十一 |
| jìn | 烬（燼） | 卷三 五十三 |

| | | |
|---|---|---|
| kě | 渴 | 卷四 三十一 |
| kě | 可 | 卷四 八十二 |
| kè | 课（課） | 卷二 十六 |
| kè | 克 | 卷二 十八 |
| kè | 刻 | 卷二 四十五 |
| kè | 客 | 卷四 七十六 |
| kěn | 垦（墾） | 卷二 九十一 |
| kěn | 肯 | 卷四 十一 |
| kěn | 恳（懇） | 卷四 十六 |
| kēng | 坑（阬） | 卷一 五十四 |
| kōng | 空 | 卷四 七十 |
| kǒng | 孔 | 卷二 二十六 |
| kǒng | 恐 | 卷四 十三 |
| kòng | 控 | 卷二 九 |
| kòng | 空 | 卷四 七十 |
| kǒu | 口 | 卷二 七十五 |
| kòu | 寇 | 卷二 十九 |
| kòu | 扣 | 卷二 五十二 |
| kū | 窟 | 卷一 四十七 |
| kū | 枯 | 卷三 七十 |
| kū | 哭 | 卷四 二十七 |
| kǔ | 苦 | 卷三 十 |
| kù | 库（庫） | 卷一 六十八 |
| kù | 酷 | 卷四 七十三 |
| kuā | 夸 | 卷四 二十五 |
| kuài | 块（塊） | 卷一 四十七 |
| kuài | 侩（儈） | 卷二 三十五 |
| kuài | 脍（膾） | 卷二 八十九 |
| kuài | 会（會） | 卷四 六 |
| kuài | 快 | 卷四 十一 |
| kuān | 宽（寬） | 卷二 三十九 |
| kuǎn | 款 | 卷二 五十三 |
| kuāng | 筐 | 卷三 二十七 |
| kuāng | 匡 | 卷四 五十 |
| kuáng | 狂 | 卷二 四十四 |
| kuáng | 诳（誑） | 卷四 二十九 |
| kuàng | 矿（卝） | 卷二 五十七 |
| kuàng | 纩（纊） | 卷三 十七 |
| kuàng | 贶（貺） | 卷四 五十二 |
| kuàng | 旷（曠） | 卷四 五十八 |
| kuàng | 况（況） | 卷四 八十一 |
| kuī | 窥（窺） | 卷四 二十 |
| kuī | 亏（虧） | 卷四 七十 |
| kuí | 魁 | 卷一 三 |
| kuí | 葵 | 卷三 五十八 |
| kuí | 夔 | 卷三 八十七 |
| kuì | 馈（饋） | 卷二 九十 |
| kūn | 坤 | 卷一 四十三 |
| kūn | 昆 | 卷二 三十 |
| kūn | 鲲（鯤） | 卷三 九十五 |
| kǔn | 阃（閫） | 卷一 六十四 |
| kùn | 困 | 卷四 二 |
| kuò | 括 | 卷四 七十一 |
| kuò | 阔（闊） | 卷四 六十二 |

# L

| | | |
|---|---|---|
| lǎ | 喇 | 卷二 九十八 |
| là | 腊（臘） | 卷一 九 |
| là | 辣（辢） | 卷三 十 |
| là | 蜡（蠟） | 卷三 九十九 |
| lái | 来（來） | 卷四 四十三 |
| lài | 赉（賚） | 卷四 五十二 |
| lài | 赖（賴） | 卷四 五十五 |
| lán | 岚（嵐） | 卷一 五十一 |
| lán | 澜（瀾） | 卷一 五十九 |
| lán | 阑（闌） | 卷一 七十 |
| lán | 蓝（藍） | 卷三 八 |
| lán | 篮（籃） | 卷三 二十七 |
| lán | 兰（蘭） | 卷三 六十二 |
| lǎn | 缆（纜） | 卷三 二十九 |
| lǎn | 榄（欖） | 卷三 六十六 |
| lǎn | 懒（嬾） | 卷四 三 |
| lǎn | 览（覽） | 卷四 二十 |
| làn | 烂（爛） | 卷三 四十三 |
| làn | 滥（濫） | 卷三 四十九 |
| láng | 廊 | 卷一 六十二 |
| láng | 郎 | 卷二 三十四 |
| láng | 浪 | 卷二 六十七 |
| láng | 狼 | 卷三 八十六 |
| láng | 螂（蜋） | 卷三 九十八 |
| lǎng | 朗 | 卷一 七 |
| làng | 浪 | 卷二 六十七 |
| láo | 牢 | 卷二 十 |
| láo | 劳（勞） | 卷四 五十七 |
| lǎo | 老 | 卷二 三十三 |
| lào | 酪 | 卷二 八十八 |
| le | 了 | 卷四 六十 |
| lè | 乐（樂） | 卷二 六 |
| lè | 勒 | 卷三 三十九 |
| léi | 雷 | 卷一 五 |
| léi | 累（絫） | 卷三 六 |
| lěi | 垒（壘） | 卷二 二十一 |
| lěi | 诔（誄） | 卷二 八十五 |
| lěi | 累（絫） | 卷三 六 |
| lěi | 耒 | 卷三 四十一 |
| lèi | 类（類） | 卷三 一 |
| lèi | 累（絫） | 卷三 六 |
| lèi | 泪（淚） | 卷四 二十一 |
| lěng | 冷 | 卷一 八 |
| lí | 篱（籬） | 卷一 六十七 |
| lí | 嫠 | 卷二 三十三 |
| lí | 离（離） | 卷二 六十四 |
| lí | 犁（犂） | 卷二 九十二 |
| lí | 厘（釐） | 卷三 五 |
| lí | 黎 | 卷三 九 |
| lí | 藜 | 卷三 五十六 |
| lí | 梨（棃） | 卷三 六十五 |
| lí | 鹂（鸝） | 卷三 八十 |
| lí | 狸（貍） | 卷三 八十六 |
| lí | 骊（驪） | 卷三 八十七 |
| lǐ | 里（裏） | 卷一 十六 |
| lǐ | 里 | 卷一 四十四 |
| lǐ | 礼（禮） | 卷二 一 |
| lǐ | 理 | 卷二 九 |
| lǐ | 醴 | 卷二 九十 |
| lǐ | 李 | 卷三 六十五 |
| lǐ | 鲤（鯉） | 卷三 九十三 |
| lǐ | 蠡 | 卷三 九十七 |
| lì | 历（歷） | 卷一 九 |
| lì | 砺（礪） | 卷一 五十三 |
| lì | 例 | 卷二 九 |
| lì | 隶（隸） | 卷二 十五 |
| lì | 戾 | 卷二 四十五 |
| lì | 吏 | 卷二 四十九 |
| lì | 利 | 卷二 五十三 |
| lì | 力 | 卷二 六十二 |
| lì | 痢 | 卷二 八十三 |
| lì | 粒 | 卷二 九十五 |

lǚ 缕（縷） 卷三 十七
lǚ 屡（屢） 卷四 八十
lǜ 绿（綠） 卷二 五十七
lǜ 律 卷二 六十八
lǜ 虑（慮） 卷四 十一
lǜ 率 卷四 四十九
luán 銮（鑾） 卷二 四
luán 鸾（鸞） 卷三 七十六
luǎn 卵 卷三 八十一
luàn 乱（亂） 卷二 四十六
lüè 掠 卷四 三十六
lüè 略 卷四 六十三
lún 伦（倫） 卷二 三十二
lún 轮（輪） 卷二 六十六
lún 纶（綸） 卷三 十七
lún 论（論） 卷四 二十二
lùn 论（論） 卷四 二十二
luó 锣（鑼） 卷二 六
luó 螺（蠃） 卷二 六十六
luó 罗（羅） 卷三 十六
luó 萝（蘿） 卷三 六十三
luó 骡（蠃） 卷三 八十八
luǒ 螺（蠃） 卷二 六十六
luǒ 裸 卷四 三
lú 卢（盧） 卷三 九
lú 炉（鑪） 卷三 三十四
lú 芦（蘆） 卷三 六十一
lú 鲈（鱸） 卷三 九十三
lǔ 虏（虜） 卷二 十九
lǔ 鲁（魯） 卷二 二十四
lǔ 卤（鹵） 卷二 八十九
lù 露 卷一 三
lù 路 卷一 四十五
lù 潞 卷一 五十七
lù 戮 卷二 十
lù 录（錄） 卷二 十三
lù 禄（祿） 卷二 五十
lù 箓（籙） 卷二 九十七
lù 陆（陸） 卷三 三
lù 赂（賂） 卷三 二十一
lù 蓼 卷三 六十一
lù 鹭（鷺） 卷三 七十八
lù 鹿 卷三 八十五
lǘ 闾（閭） 卷一 六十六
lǘ 驴（驢） 卷三 八十八
lǚ 吕（呂） 卷二 六
lǚ 旅 卷二 十七
lǚ 履 卷三 十四
liú 硫 卷二 六十
liú 旒 卷三 十一
liú 琉 卷三 二十
liú 流 卷三 四十九
liú 榴 卷三 六十六
liú 骝（騮） 卷三 八十七
liú 留 卷四 九
liǔ 罶 卷三 四十一
liǔ 柳 卷三 七十四
liù 溜 卷一 五十八
liù 六 卷三 二
liù 陆（陸） 卷三 三
lóng 笼（籠） 卷三 二十六
lóng 龙（龍） 卷三 九十二
lóng 聋（聾） 卷四 十九
lóng 隆 卷四 六十四
lóng 珑（瓏） 卷四 六十六
lǒng 陇（隴） 卷一 四十六
lòng 弄 卷四 四十
lóu 楼（樓） 卷一 六十五
lòu 陋 卷二 四十一
lòu 漏 卷三 二十五
lòu 镂（鏤） 卷三 四十五
lú 庐（廬） 卷一 六十六
lín 磷（燐） 卷二 六十二
lín 麟 卷三 八十三
lín 鳞（鱗） 卷三 九十二
lín 临（臨） 卷四 九
lǐn 廪（廩） 卷一 六十八
lǐn 懔 卷四 十六
lìn 吝 卷二 四十四
lìn 赁（賃） 卷四 五十六
líng 陵 卷一 五十五
líng 翎 卷二 四十九
líng 伶 卷二 五十六
líng 龄（齡） 卷二 八十二
líng 灵（靈） 卷二 九十七
líng 零 卷三 一
líng 绫（綾） 卷三 十六
líng 铃（鈴） 卷三 四十
líng 苓 卷三 六十三
líng 菱 卷三 六十八
líng 玲 卷四 六十六
lǐng 岭（嶺） 卷一 五十一
lǐng 领（領） 卷二 七十四
lìng 令 卷二 二
liū 溜 卷一 五十八
liú 刘（劉） 卷二 二十六
liáng 粱 卷二 九十四
liáng 量 卷三 四
liǎng 两（兩） 卷三 五
liàng 量 卷三 四
liàng 亮 卷四 二十一
liàng 谅（諒） 卷四 八十一
liáo 辽（遼） 卷一 十九
liáo 潦 卷一 五十八
liáo 僚 卷二 四十七
liáo 疗（療） 卷二 八十三
liáo 聊 卷四 八十一
liǎo 蓼 卷三 六十一
liǎo 了 卷四 六十
liào 料 卷四 十七
liè 猎（獵） 卷二 二十三
liè 劣 卷二 四十一
liè 烈 卷三 五十三
liè 鬣 卷三 九十
liè 列 卷四 八
liè 躐 卷四 四十二
liè 裂 卷四 七十一
lín 霖 卷一 七
lín 林 卷一 二十九
lín 邻（鄰） 卷一 六十六
lì 丽（麗） 卷三 九
lì 笠 卷三 十一
lì 荔 卷三 六十六
lì 栗 卷三 七十一
lì 栎（櫟） 卷三 七十二
lì 蛎（蠣） 卷三 九十七
lì 立 卷四 四十一
lián 廉 卷二 三十八
lián 帘（簾） 卷三 二十四
lián 奁（匳） 卷三 二十六
lián 联（聯） 卷三 四十四
lián 莲（蓮） 卷三 五十八
lián 鲢（鰱） 卷三 九十三
lián 怜（憐） 卷四 十八
lián 连（連） 卷四 七十一
liǎn 敛（斂） 卷四 七十四
liàn 殓（殮） 卷二 八十五
liàn 炼（鍊） 卷三 四十二
liàn 楝 卷三 七十四
liàn 恋（戀） 卷四 十五
liáng 凉（涼） 卷一 八
liáng 梁 卷一 二十八
liáng 粮（糧） 卷二 九十二
liáng 良 卷二 三十七

luò 洛 卷一 五十六
luò 络(絡) 卷三 四十四
luò 落 卷三 五十八
luò 骆(駱) 卷三 八十五

# M

má 麻 卷二 九十五
mǎ 马(馬) 卷三 八十七
mà 骂(罵) 卷四 二十八
mái 霾 卷一 六
mái 埋 卷二 八十六
mǎi 买(買) 卷二 五十一
mài 卖(賣) 卷二 五十一
mài 脉(脈) 卷二 七十三
mài 麦(麥) 卷二 九十四
mán 蛮(蠻) 卷一 五十
màn 幔 卷三 二十四
màn 漫 卷三 五十
màn 蔓 卷三 五十九
màn 慢 卷四 十四
máng 氓 卷二 三十五
máng 忙 卷四 十八
máng 盲 卷四 二十一
mǎng 莽 卷三 五十九
mǎng 蟒 卷三 九十二
māo 猫(貓) 卷三 八十九
máo 矛 卷二 二十
máo 毛 卷二 七十三
máo 茅 卷三 六十四
mǎo 卯 卷一 十四
mào 贸(貿) 卷二 五十一
mào 貌 卷二 八十二
mào 帽 卷三 十一
mào 茂 卷三 五十九
mào 懋 卷四 五十七
mào 冒 卷四 五十九
méi 楣 卷一 六十九
méi 媒 卷二 三十五
méi 煤 卷二 五十八
méi 眉 卷二 七十五
méi 没 卷三 五十一
méi 枚 卷三 六十九
méi 梅 卷三 七十三
měi 美 卷一 三十二
měi 每 卷四 八十
mèi 妹 卷二 三十一
mèi 昧 卷二 四十二
mèi 魅 卷二 九十八
mèi 袂 卷三 十三
mèi 媚 卷四 一
mèi 寐 卷四 六
mēn 闷(悶) 卷四 十二
mén 门(門) 卷一 六十九
mèn 闷(悶) 卷四 十二
méng 蒙(蒙) 卷一 三十
méng 盟 卷二 三
měng 锰(錳) 卷二 六十
měng 黾(黽) 卷三 九十六
měng 蠓 卷三 一百
měng 猛 卷四 七十三
mèng 孟 卷二 二十六
mèng 梦(夢) 卷四 六
mí 麋 卷三 八十五
mí 迷 卷四 四十七
mí 弥(彌) 卷四 八十
mí 靡 卷四 八十四
mì 秘(祕) 卷一 四十二
mǐ 米 卷二 九十三
mǐ 靡 卷四 八十四
mì 蜜 卷三 九十九
mì 觅(覓) 卷四 四十
mì 密 卷四 六十二
mián 绵(緜) 卷三 十七
mián 棉 卷三 十七
mián 眠 卷四 二十一
miǎn 缅(緬) 卷一 三十四
miǎn 冕 卷三 十一
miǎn 黾(黽) 卷三 九十六
miǎn 勉 卷四 五十七
miǎn 免 卷四 五十九
miàn 面 卷二 六十九
miàn 面(麪) 卷二 八十七
miáo 苗 卷二 九十二
miáo 描 卷三 四十五
miǎo 秒 卷三 五
miǎo 杪 卷三 七十
miǎo 眇 卷四 二十一
miǎo 渺 卷四 六十二
miǎo 藐 卷四 六十二
miǎo 邈 卷四 六十二
miào 庙(廟) 卷一 六十一
miào 妙 卷四 七十四
miè 灭(滅) 卷二 十九
miè 篾 卷三 七十五
miè 蔑 卷四 七十九
mín 岷 卷一 五十三
mín 民 卷二 三十五
mín 缗(緡) 卷三 十七
mǐn 闽(閩) 卷一 二十二
mǐn 闵(閔) 卷二 二十六
mǐn 敏 卷二 三十九
mǐn 皿 卷三 三十二
mǐn 黾(黽) 卷三 九十六
míng 明 卷一 八
míng 铭(銘) 卷二 十三
míng 冥 卷二 八十六
míng 茗 卷三 五十六
míng 鸣(鳴) 卷三 八十二
míng 名 卷四 七十六
mìng 命 卷二 二
miù 谬(謬) 卷二 四十二
mó 谟(謨) 卷二 十二
mó 膜 卷二 七十二
mó 魔 卷二 九十八
mó 模 卷三 七
mó 磨 卷三 四十五
mó 摩 卷四 三十六
mó 摹 卷四 三十七
mò 墨 卷一 四十二
mò 漠 卷一 四十九
mò 貉 卷一 五十
mò 磨 卷三 四十五
mò 没 卷三 五十一
mò 末 卷三 六十九
mò 默 卷四 二十五
mò 莫 卷四 七十九

# P

pá 琶 卷二 七
pá 杷 卷三 六十六
pà 帕 卷三 十五
pà 怕 卷四 十三
pāi 拍 卷四 三十六
pái 牌 卷三 三十五
pái 排 卷四 三十七
pài 派 卷一 五十七
pān 潘 卷二 二十七
pān 番 卷三 七
pān 攀 卷四 三十八
pán 盘（盤） 卷三 三十二
pàn 畔 卷一 四十八
pàn 泮 卷一 六十二
pàn 判 卷二 十
pàn 盼 卷四 二十
pāo 泡 卷一 五十九
pāo 抛 卷二 六十四
páo 庖 卷一 六十八
páo 袍 卷三 十二
páo 匏 卷三 三十三
páo 抱（裦） 卷四 三十二
pào 泡 卷一 五十九
pào 炮（礮） 卷二 二十二

# O

ōu 欧（歐） 卷一 三十一
ōu 鸥（鷗） 卷三 七十八
ōu 讴（謳） 卷四 二十七
ōu 殴（毆） 卷四 三十五
ǒu 偶 卷二 七十一
ǒu 耦 卷二 九十二
ǒu 藕 卷三 六十八
ǒu 呕（嘔） 卷四 三十一

# N

niè 镊（鑷） 卷三 三十五
níng 凝 卷三 五十
níng 宁（甯） 卷四 六
nìng 宁（甯） 卷四 六
nìng 佞 卷四 二十九
niú 牛 卷三 八十八
niǔ 钮（鈕） 卷三 十六
nóng 浓（濃） 卷二 六十七
nóng 农（農） 卷二 九十一
nòng 弄 卷四 四十
nú 帑 卷二 三
nú 孥 卷二 三十二
nú 奴 卷二 三十六
nú 驽（駑） 卷三 八十七
nǔ 弩 卷二 二十一
nǔ 努 卷四 八
nù 怒 卷四 十四
nǚ 女 卷二 二十九
nuǎn 暖（煖） 卷一 八
nüè 虐 卷二 四十五
nüè 疟（瘧） 卷二 八十三
nuò 懦 卷四 十三
nuò 诺（諾） 卷四 二十四
néng 能 卷二 六十四
ní 霓 卷一 六
ní 泥 卷一 四十七
ní 尼 卷二 九十八
ní 鲵（鯢） 卷三 九十五
nǐ 拟（擬） 卷四 十七
nǐ 你 卷四 七十五
nì 泥 卷一 四十七
nì 尼 卷二 九十八
nì 溺 卷三 五十一
nì 暱 卷四 八
nì 匿 卷四 九
nì 逆 卷四 四十四
nián 年 卷一 九
nián 黏 卷二 六十三
niǎn 辇（輦） 卷二 四
niàn 廿 卷三 四
niàn 念 卷四 十
niáng 娘（孃） 卷二 三十
niàng 酿（釀） 卷二 九十
niǎo 鸟（鳥） 卷三 七十六
niē 捏 卷四 三十七
niè 孽（孼） 卷二 三十二
niè 臬 卷二 四十八
ná 拿（拏） 卷四 三十五
nà 那 卷一 四十一
nà 衲 卷三 十三
nà 纳（納） 卷四 五十一
nǎi 乃 卷四 八十三
nài 奈（柰） 卷四 八十五
nài 耐 卷四 十六
nán 南 卷一 十六
nán 男 卷二 二十九
nán 楠（枏） 卷三 七十三
nán 难（難） 卷四 六十九
nǎn 赧 卷四 十四
nàn 难（難） 卷四 六十九
náng 囊 卷三 二十八
nǎng 曩 卷一 十一
nǎo 瑙 卷二 六十一
nǎo 碯 卷二 六十二
nǎo 脑（腦） 卷二 七十四
nǎo 恼（惱） 卷四 十九
nào 闹（鬧） 卷四 六十
nè 讷（訥） 卷四 二十五
něi 馁（餒） 卷二 九十
nèi 内 卷一 十五
nèn 嫩 卷四 七十四
móu 眸 卷二 七十五
móu 牟 卷二 九十三
móu 谋（謀） 卷四 二十二
móu 侔 卷四 六十一
mǒu 某 卷四 七十六
mú 模 卷三 七
mǔ 亩（畝） 卷一 四十六
mǔ 母 卷二 二十九
mǔ 牡 卷三 九十
mù 幕 卷一 六十四
mù 牧 卷二 五十六
mù 目 卷二 七十五
mù 墓 卷二 八十六
mù 木 卷三 六十九
mù 沐 卷四 四
mù 慕 卷四 十一
mù 募 卷四 五十六
mù 睦 卷四 五十七
mù 穆 卷四 六十四

# Q

qǐ 杞 卷三 七十四
qǐ 启（啟） 卷四 三十
qǐ 企 卷四 四十一
qǐ 起 卷四 四十一
qǐ 稽 卷四 四十九
qǐ 乞 卷四 五十三
qǐ 岂（豈） 卷四 七十七
qì 气（氣） 卷一 一
qì 砌 卷一 七十
qì 契 卷二 十四
qì 妻 卷二 三十一
qì 器 卷三 二十二
qì 泣 卷四 二十一
qì 弃（棄） 卷四 五十八
qì 讫（訖） 卷四 六十
qiǎ 卡 卷一 六十三
qià 恰 卷四 八十二
qiān 谦（謙） 卷二 三十九
qiān 愆 卷二 四十二
qiān 铅（鉛） 卷二 五十九
qiān 千 卷三 二
qiān 籤 卷三 三十一
qiān 牵（牽） 卷四 三十八
qiān 迁（遷） 卷四 四十三

qī 期（朞） 卷一 十二
qī 妻 卷二 三十一
qī 戚 卷二 三十二
qī 欺 卷二 四十三
qī 七 卷三 二
qī 柒 卷三 三
qī 漆（桼） 卷三 七十二
qī 栖（棲） 卷四 五
qī 凄（淒） 卷四 七十三
qí 齐（齊） 卷一 二十四
qí 歧 卷一 四十八
qí 淇 卷一 五十六
qí 旗 卷二 二十二
qí 耆 卷二 三十三
qí 奇 卷二 七十一
qí 脐（臍） 卷二 七十九
qí 祇 卷二 九十七
qí 棋（棊） 卷三 二十五
qí 荠（薺） 卷三 六十八
qí 麒 卷三 八十三
qí 骑（騎） 卷三 九十一
qí 祈 卷四 五十二
qí 綦 卷四 七十九
qí 其 卷四 八十五

pǔ 谱（譜） 卷二 十三
pǔ 朴（樸） 卷三 七十三
pǔ 普 卷四 六十四
pǔ 溥 卷四 六十五
pù 瀑 卷一 五十二
pù 暴 卷二 四十五
pù 铺（鋪） 卷四 五十六

píng 冯（馮） 卷二 二十七
píng 平 卷二 七十
píng 瓶 卷三 三十三
píng 萍 卷三 六十
píng 凭（憑） 卷四 五
píng 评（評） 卷四 二十三
pō 坡 卷一 五十一
pō 泼（潑） 卷三 五十
pō 颇（頗） 卷四 七十九
pó 婆 卷二 三十
pò 霸 卷二 三十五
pò 珀 卷二 五十八
pò 魄 卷二 八十二
pò 破 卷三 四十三
pò 迫 卷四 六十八
pōu 剖 卷三 四十三
pū 铺（鋪） 卷四 五十六
pú 葡 卷一 四十
pú 仆（僕） 卷二 三十六
pú 脯 卷二 八十九
pú 璞 卷三 十九
pú 蒲 卷三 六十一
pǔ 浦 卷一 五十七
pǔ 圃 卷一 六十七

pí 罢（罷） 卷四 六十
pǐ 匹 卷三 六
pǐ 否 卷四 二十九
pì 辟（闢） 卷一 七十一
pì 辟 卷二 二十八
pì 僻 卷二 四十四
pì 譬 卷四 二十三
piān 篇 卷二 十五
piān 扁 卷四 六十六
piān 翩 卷四 七十二
piān 偏 卷四 七十三
pián 骈（駢） 卷三 九十
pián 便 卷四 八十二
piàn 片 卷三 六
piāo 飘（飄） 卷一 七
piáo 瓢 卷三 三十三
piào 票 卷二 五十三
pín 贫（貧） 卷二 五十一
pín 颦（顰） 卷二 八十二
pín 频（頻） 卷四 八十
pǐn 品 卷二 四十七
pìn 聘 卷二 四十九
pìn 牝 卷三 八十九
píng 屏 卷一 六十八

péi 培 卷二 九十一
péi 陪 卷四 六
pèi 旆 卷二 二十三
pèi 配 卷二 三十二
pèi 佩 卷三 十五
pèi 辔（轡） 卷三 三十九
pén 盆 卷三 三十二
pēng 烹 卷三 五十二
pēng 亨 卷四 五十七
péng 彭 卷二 二十七
péng 朋 卷二 三十三
péng 硼 卷二 六十一
péng 篷 卷三 三十八
péng 蓬 卷三 五十五
péng 鹏（鵬） 卷三 七十六
pī 批 卷二 五十二
pī 砒（磇） 卷二 六十二
pī 劈 卷二 六十六
pī 被 卷三 十四
pī 披 卷四 四十
pí 鼙 卷二 八
pí 皮 卷二 七十三
pí 脾 卷二 七十八
pí 疲 卷四 三

# R

rán 髯 卷二 八十二
rán 然 卷四 八十三
rǎn 冉 卷二 二十六
rǎn 染 卷三 九
rǎng 攘 卷四 三十四
ràng 让（讓） 卷二 三十九
rǎo 扰（擾） 卷四 十八
rào 绕（繞） 卷三 四十四
rè 热（熱） 卷三 五十三
rén 壬 卷一 十三
rén 仁 卷二 三十八
rén 人 卷四 七十五
rěn 忍 卷二 四十五
rèn 刃 卷二 二十
rèn 衽 卷三 十三
rèn 任 卷四 八
rèn 认（認） 卷四 二十
réng 仍 卷四 八十二
rì 日 卷一 一
róng 戎 卷一 五十
róng 荣（榮） 卷二 四十
róng 绒（絨） 卷三 十七
róng 蓉 卷三 五十九
róng 容 卷四 一

què 却（卻） 卷四 五十九
què 确（確） 卷四 六十七
qún 群（羣） 卷三 七
qún 裙（裠） 卷三 十四

qū 蛆 卷三 百零二
qū 屈 卷四 七
qū 趋（趨） 卷四 四十四
qū 曲 卷四 六十七
qú 渠 卷一 四十六
qǔ 取 卷四 三十三
qǔ 娶 卷四 五十一
qǔ 曲 卷四 六十七
qù 趣 卷四 十八
qù 去 卷四 四十三
quān 圈 卷一 十七
quán 泉 卷一 五十七
quán 卷 卷二 十四
quán 全 卷二 七十一
quán 拳 卷二 八十一
quán 痊 卷二 八十三
quán 权（權） 卷三 五
quǎn 犬 卷三 八十八
quàn 券 卷二 五十三
quàn 劝（勸） 卷四 二十九
quē 缺 卷四 六十七
què 阙（闕） 卷一 六十一
què 雀 卷三 七十六
què 鹊（鵲） 卷三 八十

qīng 蜻 卷三 九十八
qīng 倾（傾） 卷四 七
qíng 晴 卷一 七
qíng 情 卷四 十
qǐng 顷（頃） 卷一 十一
qǐng 请（請） 卷四 二十九
qìng 庆（慶） 卷二 三
qìng 磬 卷二 六
qióng 琼（瓊） 卷一 二十七
qióng 蛩 卷三 九十九
qióng 穷（窮） 卷四 五十九
qiū 秋 卷一 十
qiū 邱 卷一 五十五
qiū 鳅（鰌） 卷三 九十四
qiú 球 卷一 十七
qiú 囚 卷二 十
qiú 酋 卷二 三十五
qiú 仇 卷二 四十三
qiú 裘 卷三 十二
qiú 虬 卷三 九十二
qiú 求 卷四 五十二
qū 区（區） 卷一 四十四
qū 曲（麯） 卷二 六十七
qū 驱（驅） 卷三 九十一

qiē 切 卷四 六十
qié 茄 卷三 五十五
qiě 且 卷四 七十七
qiè 妾 卷二 三十一
qiè 窃（竊） 卷二 四十五
qiè 惬（愜） 卷四 十一
qiè 怯 卷四 十三
qiè 挈 卷四 三十四
qiè 切 卷四 六十
qīn 侵 卷二 十八
qīn 亲（親） 卷二 三十二
qīn 衾 卷三 十四
qīn 钦（欽） 卷四 十六
qín 秦 卷一 二十五
qín 琴 卷二 六
qín 芹 卷三 五十六
qín 禽 卷三 七十六
qín 擒 卷四 三十五
qín 勤 卷四 五十七
qǐn 寝（寢） 卷一 六十二
qīng 清 卷一 十八
qīng 卿 卷二 四十七
qīng 轻（輕） 卷二 五十七
qīng 青 卷三 八

qián 乾 卷一 七
qián 前 卷一 十五
qián 黔 卷一 二十八
qián 钱（錢） 卷三 二十一
qián 虔 卷四 十六
qiǎn 浅（淺） 卷三 四十九
qiǎn 遣 卷四 五十四
qiàn 嵌 卷三 四十五
qiàn 歉 卷四 十六
qiàn 欠 卷四 五十九
qiāng 羌 卷一 五十
qiāng 枪（鎗） 卷二 二十二
qiāng 将（將） 卷四 七十九
qiáng 墙（牆） 卷一 七十
qiáng 强 卷二 五十七
qiǎng 抢（搶） 卷四 三十五
qiāo 敲 卷四 三十六
qiáo 桥（橋） 卷一 四十五
qiáo 樵 卷二 五十五
qiáo 憔 卷四 二
qiǎo 巧 卷四 七十四
qiào 窍（竅） 卷二 八十二
qiào 翘（翹） 卷三 八十二
qiào 诮（誚） 卷四 二十六

róng 融 卷四 六十七
róu 柔 卷四 七十三
ròu 肉 卷二 七十二
rú 孺 卷二 三十四
rú 儒 卷二 三十五
rú 茹 卷三 五十六
rú 如 卷四 八十三
rǔ 女 卷二 二十九
rǔ 乳 卷二 八十一
rǔ 辱 卷四 十四
rǔ 汝 卷四 七十五
rù 褥 卷三 十五
rù 入 卷四 四十二
ruǎn 阮 卷二 二十七
ruǐ 蕊（蘂） 卷三 五十八
ruì 瑞 卷一 三十九
ruì 锐（鋭） 卷四 六十七
rùn 闰（閏） 卷一 九
rùn 润（潤） 卷三 五十一
ruò 箬 卷三 六十二
ruò 弱 卷四 二
ruò 若 卷四 八十四

# S

sǎ 洒（灑） 卷三 四十七
sà 萨（薩） 卷二 九十七
sà 卅 卷三 四
sāi 塞 卷一 四十九
sài 赛（賽） 卷二 五十二
sān 三 卷三 二
sān 叁（參） 卷三 三
sǎn 伞（繖） 卷三 二十九
sǎn 散 卷四 六十八
sàn 散 卷四 六十八
sāng 丧（喪） 卷二 八十四
sāng 桑 卷三 七十五
sàng 丧（喪） 卷二 八十四
sāo 骚（騷） 卷二 十二
sāo 缫（繅） 卷二 九十六
sāo 搔 卷四 三十六
sǎo 嫂（㛮） 卷二 三十一
sǎo 扫（埽） 卷四 三十七
sào 燥 卷三 五十三
sào 扫（埽） 卷四 三十七
sè 塞 卷一 四十九
sè 瑟 卷二 七
sè 穑（穡） 卷二 九十一
sè 色 卷三 八
sēn 森 卷四 七十四
sēng 僧 卷二 九十七
shā 沙 卷一 四十九
shā 杀（殺） 卷二 十一
shā 纱（紗） 卷三 十六
shā 鲨（鯊） 卷三 九十三
shāi 筛（篩） 卷三 三十
shān 山 卷一 五十一
shān 栅 卷一 六十三
shān 衫 卷三 十二
shān 珊 卷三 二十
shān 删 卷三 四十二
shān 杉 卷三 七十三
shǎn 陕（陝） 卷一 二十五
shǎn 闪（閃） 卷二 六十八
shàn 善 卷二 三十七
shàn 膳 卷二 八十九
shàn 缮（繕） 卷二 九十六
shàn 禅（禪） 卷二 九十七
shàn 单（單） 卷三 一
shàn 扇 卷三 二十五
shàn 鳝（鱓） 卷三 九十四
shàn 擅 卷四 四十九
shàn 赡（贍） 卷四 六十九
shang 裳 卷三 十三
shāng 商 卷二 二十四
shāng 殇（殤） 卷二 八十四
shāng 觞（觴） 卷三 三十二
shāng 伤（傷） 卷四 十二
shǎng 赏（賞） 卷二 二
shàng 上 卷一 十五
shàng 尚 卷四 八十一
shāo 烧（燒） 卷三 五十二
shāo 稍 卷四 七十九
sháo 韶 卷二 八
sháo 勺 卷三 三十二
sháo 芍 卷三 五十九
shǎo 少 卷三 一
shào 少 卷三 一
shào 绍（紹） 卷三 四十四
shē 奢 卷二 四十四
shē 赊（賒） 卷二 五十二
shé 折 卷二 六十七
shé 舌 卷二 七十六
shé 蛇 卷三 九十二
shě 舍 卷一 六十二
shè 舍 卷一 六十二
shè 社 卷一 六十二
shè 赦 卷二 九
shè 射 卷二 五十四
shè 拾 卷三 三
shè 麝 卷三 八十五
shè 摄（攝） 卷四 三十九
shè 涉 卷四 四十六
shè 设（設） 卷四 八十三
shēn 申 卷一 十四
shēn 信 卷二 三十九
shēn 身 卷二 七十二
shēn 叁（參） 卷三 三
shēn 绅（紳） 卷三 十五
shēn 深 卷三 四十九
shēn 伸 卷四 七
shén 神 卷二 九十七
shén 什 卷三 三
shěn 婶（嬸） 卷二 三十
shěn 沈 卷三 五十一
shěn 审（審） 卷四 十七
shěn 哂 卷四 二十六
shèn 肾（腎） 卷二 七十八
shèn 蜃 卷三 九十七
shèn 慎 卷四 十八
shèn 甚 卷四 八十一
shēng 笙 卷二 八
shēng 甥 卷二 三十一
shēng 声（聲） 卷二 六十八
shēng 升 卷三 四
shēng 牲 卷三 八十三
shēng 生 卷四 一
shéng 绳（繩） 卷三 二十九
shěng 省 卷一 二十九
shèng 胜（勝） 卷二 一七
shèng 圣（聖） 卷二 三十七
shèng 乘 卷二 七十一
shèng 剩（賸） 卷四 六十
shèng 盛 卷四 六十五
shī 湿（溼） 卷一 五十九
shī 诗（詩） 卷二 十二
shī 师（師） 卷二 三十三
shī 尸 卷二 八十四
shī 蓍 卷三 六十四
shī 狮（獅） 卷三 八十三
shī 虱（蝨） 卷三 百零三
shī 施 卷四 五十
shī 失 卷四 五十八
shí 蚀（蝕） 卷一 一
shí 时（時） 卷一 九

shí 石 卷一 五十三
shí 食 卷二 八十七
shí 十 卷三 二
shí 什 卷三 三
shí 拾 卷三 三
shí 鲥（鰣） 卷三 九十三
shí 识（識） 卷四 十七
shí 提 卷四 三十四
shí 实（實） 卷四 六十七
shǐ 史 卷二 十三
shǐ 矢 卷二 二十一
shǐ 使 卷二 四十八
shǐ 豕 卷三 八十九
shǐ 驶（駛） 卷三 九十一
shǐ 始 卷四 四十九
shì 世 卷一 九
shì 市 卷一 四十五
shì 室 卷一 六十四
shì 示 卷二 二
shì 氏 卷二 二十四
shì 士 卷二 三十五
shì 仕 卷二 四十七
shì 筮 卷二 五十五
shì 谥（謚） 卷二 八十五
shì 式 卷三 七
shì 饰（飾） 卷三 十八
shì 轼（軾） 卷三 三十九
shì 柿（梯） 卷三 六十六
shì 势（勢） 卷四 三
shì 嗜 卷四 十五
shì 恃 卷四 十七
shì 视（視） 卷四 十九
shì 誓 卷四 二十三
shì 噬 卷四 三十一
shì 释（釋） 卷四 四十
shì 逝 卷四 四十五
shì 侍 卷四 四十六
shì 适（適） 卷四 四十六
shì 事 卷四 四十八
shì 试（試） 卷四 五十五
shì 是 卷四 八十四
shōu 收 卷四 三十三
shǒu 守 卷二 十八
shǒu 首 卷二 七十四
shǒu 手 卷二 七十九
shòu 狩 卷二 二十三
shòu 寿（壽） 卷二 四十
shòu 售 卷二 五十一
shòu 绶（綬） 卷三 十五
shòu 兽（獸） 卷三 八十三
shòu 瘦 卷四 二
shòu 受 卷四 三十三
shòu 授 卷四 三十三
shū 枢（樞） 卷一 六十四
shū 书（書） 卷二 十二
shū 叔 卷二 二十九
shū 疏 卷二 三十二
shū 淑 卷二 三十七
shū 菽 卷二 九十四
shū 梳 卷三 二十七
shū 输（輸） 卷三 四十八
shū 蔬 卷三 五十四
shū 舒 卷四 四
shū 殊 卷四 八十三
shú 塾 卷一 六十二
shú 赎（贖） 卷二 十
shú 秫 卷二 九十四
shú 熟 卷三 五十三
shú 孰 卷四 八十五
shǔ 暑 卷一 九
shǔ 蜀 卷一 二十六
shǔ 署 卷一 六十三
shǔ 属（屬） 卷二 四十九
shǔ 黍 卷二 九十三
shǔ 数（數） 卷三 一
shǔ 鼠 卷三 八十九
shù 戍 卷二 十八
shù 术（術） 卷二 五十四
shù 数（數） 卷三 一
shù 束 卷三 四十四
shù 树（樹） 卷三 六十九
shù 恕 卷四 十八
shù 述 卷四 三十
shù 漱 卷四 三十一
shù 竖（竪） 卷四 六十六
shù 庶 卷四 八十一
shuāi 衰 卷二 八十六
shuài 帅（帥） 卷二 十七
shuài 蟀 卷三 百零二
shuài 率 卷四 四十九
shuāng 霜 卷一 四
shuāng 孀 卷二 三十三
shuāng 双（雙） 卷三 一
shuǎng 爽 卷四 六十九
shuí 谁（誰） 卷四 七十六
shuǐ 水 卷一 五十四
shuì 税 卷二 二
shuì 悦 卷三 十五
shuì 睡 卷四 二十一
shuì 说（說） 卷四 二十二
shùn 顺（順） 卷一 十九
shùn 舜 卷二 二十五
shùn 瞬 卷四 二十
shuō 说（說） 卷四 二十二
shuò 朔 卷一 十
shuò 数（數） 卷三 一
shuò 硕（碩） 卷四 六十四
sī 司 卷二 四十八
sī 缌（緦） 卷二 八十六
sī 丝（絲） 卷三 十七
sī 思 卷四 十
sī 私 卷四 十六
sī 嘶 卷四 二十七
sī 斯 卷四 八十四
sǐ 死 卷二 八十三
sì 巳 卷一 十四
sì 泗 卷一 五十六
sì 寺 卷一 六十五
sì 祀 卷二 三
sì 姒 卷二 二十六
sì 嗣 卷二 二十九
sì 食 卷二 八十七
sì 四 卷三 二
sì 肆 卷三 三
sì 耜 卷三 四十一
sì 兕 卷三 八十四
sì 驷（駟） 卷三 九十
sì 伺 卷四 五十四
sì 俟 卷四 五十四
sì 似 卷四 八十三
sōng 嵩 卷一 五十二
sōng 淞 卷一 五十七
sōng 松 卷三 七十
sǒng 悚 卷四 十三
sòng 讼（訟） 卷二 十
sòng 颂（頌） 卷二 十二
sòng 宋 卷二 二十五
sòng 诵（誦） 卷四 三十
sòng 送 卷四 四十四
sōu 搜（捜） 卷四 三十五
sǒu 薮（藪） 卷一 四十七
sǒu 叟（叜） 卷二 三十四
sū 苏（蘇） 卷一 二十
sú 俗 卷二 三十六

sù 宿 卷一 三
sù 夙 卷一 十二
sù 肃（肅） 卷一 二十五
sù 速 卷二 六十三
sù 粟 卷二 九十四
sù 素 卷三 九
sù 溯 卷三 五十
sù 诉（訴） 卷四 二十三
suān 酸 卷二 五十七
suàn 算 卷二 六十九
suàn 蒜 卷三 五十四
suī 虽（雖） 卷四 八十四
suí 隋 卷二 二十四
suí 绥（綏） 卷二 四十一
suí 随（隨） 卷四 四十六
suí 遂 卷四 八十一
suǐ 髓 卷二 七十三
suì 岁（歲） 卷一 九
suì 祟 卷二 九十八
suì 碎 卷三 四十三
suì 遂 卷四 八十一
sūn 孙（孫） 卷二 三十二
sūn 飧（飱） 卷二 八十七
sǔn 笋（筍） 卷三 五十六
sǔn 损（損） 卷四 七十
suō 缩（縮） 卷二 六十三
suō 衰 卷二 八十六
suō 蓑 卷三 十三
suō 梭 卷三 二十七
suǒ 索 卷三 二十八
suǒ 锁（鎖） 卷三 二十九
suǒ 琐（瑣） 卷四 六十九
suǒ 所 卷四 七十八

# T

tǎ 塔 卷一 六十五
tǎ 獭（獺） 卷三 八十五
tà 榻 卷三 二十三
tà 挞（撻） 卷四 三十五
tà 拓 卷四 三十九
tà 蹋 卷四 四十一
tāi 胎 卷二 七十九
tāi 台 卷四 七十五
tái 台（臺） 卷一 六十五
tái 苔 卷三 六十
tái 台 卷四 七十五
tài 泰 卷一 五十二
tài 态（態） 卷四 一
tài 太 卷四 六十四
tān 滩（灘） 卷一 五十三
tān 贪（貪） 卷二 四十四
tān 摊（攤） 卷三 四十八
tán 昙（曇） 卷一 四
tán 坛（壇） 卷一 六十一
tán 弹（彈） 卷二 二十二
tán 檀 卷三 七十
tán 谈（談） 卷四 二十二
tǎn 毯 卷三 二十四
tǎn 袒 卷四 三十三
tǎn 坦 卷四 六十八
tàn 炭 卷二 六十
tàn 叹（歎） 卷四 二十八
tàn 探 卷四 四十
tāng 汤（湯） 卷二 二十五
táng 塘 卷一 五十八
táng 堂 卷一 六十四
táng 唐 卷二 二十四
táng 糖（餹） 卷二 八十八
táng 棠 卷三 七十四
táng 螳 卷三 九十八
tǎng 帑 卷二 三
tǎng 傥（儻） 卷四 七十七
tāo 涛（濤） 卷一 五十七
tāo 韬（韜） 卷三 二十六
tāo 滔 卷四 六十六
táo 陶 卷二 二十六
táo 桃 卷三 六十五
táo 萄 卷三 六十六
táo 逃 卷四 四十四
tǎo 讨（討） 卷二 十八
tào 套 卷三 七
tè 特 卷四 七十八
téng 滕 卷二 二十五
téng 藤 卷三 六十三
téng 腾（騰） 卷三 九十一
téng 誊（謄） 卷四 四十
tī 梯 卷一 六十九
tī 锑（銻） 卷二 五十九
tí 题（題） 卷二 十五
tí 蹄（蹏） 卷三 九十
tí 啼（嗁） 卷四 二十七
tí 提 卷四 三十四
tǐ 体（體） 卷二 七十二
tì 悌（弟） 卷二 三十
tì 剃（薙） 卷三 六十
tì 替 卷四 八
tì 惕 卷四 十六
tì 涕 卷四 二十一
tiān 天 卷一 一
tiān 添 卷四 五十六
tián 田 卷一 四十六
tián 甜 卷三 十
tián 填 卷三 四十八
tiǎn 忝 卷四 八十二
tiāo 挑 卷四 三十八
tiáo 条（條） 卷三 六十九
tiáo 调（調） 卷四 二十六
tiǎo 挑 卷四 三十八
tiào 粜（糶） 卷二 五十二
tiào 跳 卷四 四十六
tiē 帖 卷二 十四
tiē 贴（貼） 卷四 五十七
tiě 帖 卷二 十四
tiě 铁（鐵） 卷二 五十九
tiè 帖 卷二 十四
tīng 厅（廳） 卷一 四十三
tīng 听（聽） 卷四 十九
tíng 霆 卷一 五
tíng 廷 卷一 六十
tíng 亭 卷一 六十五
tíng 庭 卷一 七十
tíng 停 卷四 五十八
tǐng 艇 卷三 三十七
tǐng 挺 卷四 六十三
tōng 通 卷一 四十九
tóng 潼 卷一 五十七
tóng 童 卷二 三十四
tóng 僮 卷二 三十六
tóng 铜（銅） 卷二 五十八
tóng 瞳 卷二 七十五
tóng 桐 卷三 七十一

# W

wō 蜗(蝸) 卷三 九十七
wǒ 我 卷四 七十五
wò 幄 卷三 二十四
wò 卧 卷四 五
wò 握 卷四 三十四
wò 渥 卷四 六十六
wū 屋 卷一 六十三
wū 恶(惡) 卷二 四十一
wū 诬(誣) 卷二 四十二
wū 污(汙) 卷二 四十四
wū 巫 卷二 五十五
wū 乌(烏) 卷三 八十
wū 於 卷四 七十七
wú 吴(吳) 卷一 二十
wú 芜(蕪) 卷三 六十
wú 梧 卷三 七十一
wú 蜈 卷三 百零一
wú 吾 卷四 七十五
wú 无(無) 卷四 七十八
wǔ 午 卷一 十四
wǔ 庑(廡) 卷一 六十二
wǔ 舞 卷二 八
wǔ 武 卷二 十七
wǔ 侮 卷二 四十三

wèi 未 卷一 十四
wèi 渭 卷一 五十六
wèi 卫(衛) 卷二 二十四
wèi 魏 卷二 二十五
wèi 位 卷二 四十七
wèi 尉 卷二 四十八
wèi 胃 卷二 七十八
wèi 味 卷三 十
wèi 慰 卷四 十一
wèi 畏 卷四 十三
wèi 谓(謂) 卷四 二十二
wèi 为(為) 卷四 四十八
wèi 遗(遺) 卷四 五十二
wēn 温 卷一 八
wén 文 卷二 十二
wén 纹(紋) 卷三 九
wén 蚊(蟁) 卷三 一百
wén 闻(聞) 卷四 十九
wěn 稳(穩) 卷四 六十七
wèn 汶 卷一 五十七
wèn 问(問) 卷四 二十三
wēng 翁 卷二 三十四
wèng 甕 卷三 三十三
wō 倭 卷一 三十三

wàng 望(朢) 卷一 十
wàng 王 卷二 二十八
wàng 妄 卷二 四十二
wàng 忘 卷四 十五
wēi 薇 卷三 五十五
wēi 威 卷四 三
wēi 委 卷四 五十四
wēi 微 卷四 六十二
wēi 巍 卷四 六十五
wéi 闱(闈) 卷一 六十四
wéi 围(圍) 卷二 十八
wéi 帷 卷三 二十四
wéi 维(維) 卷三 四十四
wéi 唯 卷四 二十四
wéi 违(違) 卷四 四十五
wéi 为(為) 卷四 四十八
wéi 惟 卷四 七十七
wěi 纬(緯) 卷一 十七
wěi 伪(僞) 卷二 四十二
wěi 苇(葦) 卷三 六十一
wěi 萎 卷三 六十一
wěi 尾 卷三 九十
wěi 伟(偉) 卷四 二
wěi 委 卷四 五十四

wā 蛙(鼃) 卷三 九十六
wǎ 瓦 卷三 三十三
wài 外 卷一 十五
wān 湾(灣) 卷一 五十四
wān 弯(彎) 卷三 四十七
wán 丸 卷二 二十二
wán 顽(頑) 卷二 四十一
wán 玩 卷四 四十
wán 完 卷四 六十
wǎn 晚 卷一 十一
wǎn 皖 卷一 二十
wǎn 碗(椀) 卷三 三十一
wǎn 菀 卷三 七十
wǎn 婉 卷四 一
wǎn 宛 卷四 六十一
wàn 腕 卷二 八十一
wàn 万(萬) 卷三 二
wāng 汪 卷四 六十五
wáng 王 卷二 二十八
wáng 亡 卷二 八十四
wǎng 枉 卷二 四十二
wǎng 网(網) 卷三 四十一
wǎng 往 卷四 四十二
wǎng 罔 卷四 八十四

tuì 退 卷四 四十二
tūn 吞 卷四 三十一
tún 臀 卷二 七十七
tún 豚 卷三 八十九
tuō 托(託) 卷二 六十五
tuō 拖 卷四 三十七
tuō 脱 卷四 七十二
tuó 橐 卷三 二十八
tuó 驼(駝) 卷三 八十五
tuó 鼍(鼉) 卷三 九十五
tuǒ 椭(橢) 卷二 七十
tuǒ 妥 卷四 六十七
tuò 柝 卷三 二十九
tuò 箨(籜) 卷三 七十五
tuò 唾 卷四 二十八
tuò 拓 卷四 三十九

tóng 同 卷四 五十六
tǒng 统(統) 卷二 一
tǒng 桶 卷三 二十八
tǒng 筒 卷三 二十八
tòng 痛 卷二 八十三
tōu 偷 卷二 四十五
tóu 头(頭) 卷二 七十三
tóu 投 卷四 四十
tòu 透 卷四 七十一
tū 凸 卷二 六十八
tū 秃 卷四 三
tū 突 卷四 七十一
tú 涂(塗) 卷一 四十七
tú 图(圖) 卷二 十四
tú 屠 卷二 五十六
tú 徒 卷四 七十八
tǔ 土 卷一 三十六
tǔ 吐 卷四 三十一
tù 兔 卷三 八十六
tù 吐 卷四 三十一
tuán 团(團) 卷四 六十六
tuó 佗 卷四 七十六
tuī 推 卷四 三十九
tuǐ 腿(骽) 卷二 八十一

# X

| 拼音 | 字 | 卷 | 页 |
|---|---|---|---|
| wǔ | 忤 | 卷二 | 四十三 |
| wǔ | 五 | 卷三 | 二 |
| wǔ | 伍 | 卷三 | 三 |
| wǔ | 鹉（鵡） | 卷三 | 七十九 |
| wù | 雾（霧） | 卷一 | 四 |
| wù | 戊 | 卷一 | 十三 |
| wù | 恶（惡） | 卷二 | 四十一 |
| wù | 误（誤） | 卷二 | 四十二 |
| wù | 物 | 卷三 | 二十二 |
| wù | 晤 | 卷四 | 六 |
| wù | 悟 | 卷四 | 十七 |
| wù | 务（務） | 卷四 | 四十八 |
| wù | 毋 | 卷四 | 七十八 |
| wù | 勿 | 卷四 | 八十四 |
| xī | 昔 | 卷一 | 十一 |
| xī | 夕 | 卷一 | 十二 |
| xī | 西 | 卷一 | 十六 |
| xī | 希 | 卷一 | 三十六 |
| xī | 汐 | 卷一 | 五十八 |
| xī | 溪 | 卷一 | 五十九 |
| xī | 锡（錫） | 卷二 | 五十九 |
| xī | 吸 | 卷二 | 六十五 |
| xī | 膝 | 卷二 | 八十一 |
| xī | 晳 | 卷三 | 八 |
| xī | 析 | 卷三 | 四十三 |
| xī | 牺（犧） | 卷三 | 八十三 |
| xī | 犀 | 卷三 | 八十四 |
| xī | 息 | 卷四 | 七 |
| xī | 嬉 | 卷四 | 八 |
| xī | 惜 | 卷四 | 十八 |
| xī | 稀 | 卷四 | 六十二 |
| xī | 熙 | 卷四 | 六十五 |
| xī | 悉 | 卷四 | 八十 |
| xī | 奚 | 卷四 | 八十五 |
| xī | 兮 | 卷四 | 八十六 |
| xí | 隰 | 卷一 | 四十六 |
| xí | 媳 | 卷二 | 三十一 |
| xí | 袭（襲） | 卷三 | 十二 |
| xí | 席 | 卷三 | 二十三 |
| xí | 习（習） | 卷三 | 八十二 |
| xǐ | 玺（璽） | 卷二 | 四 |
| xǐ | 喜 | 卷二 | 五十七 |
| xǐ | 洗 | 卷三 | 四十七 |
| xǐ | 徙 | 卷四 | 四十三 |
| xì | 隙 | 卷一 | 七十一 |
| xì | 系 | 卷二 | 二十九 |
| xì | 戏（戲） | 卷二 | 五十六 |
| xì | 舄 | 卷三 | 十四 |
| xì | 系（繫） | 卷三 | 四十四 |
| xì | 细（細） | 卷四 | 六十二 |
| xiā | 虾（鰕） | 卷三 | 九十六 |
| xiā | 瞎 | 卷四 | 二十一 |
| xiá | 霞 | 卷一 | 四 |
| xiá | 遐 | 卷一 | 四十九 |
| xiá | 峡（峽） | 卷一 | 五十五 |
| xiá | 侠（俠） | 卷二 | 三十五 |
| xiá | 狎 | 卷二 | 四十三 |
| xiá | 瑕 | 卷三 | 二十 |
| xiá | 匣 | 卷三 | 二十六 |
| xiá | 暇 | 卷四 | 五十七 |
| xiá | 狭（狹） | 卷四 | 六十三 |
| xià | 夏 | 卷一 | 十 |
| xià | 下 | 卷一 | 十五 |
| xiān | 暹 | 卷一 | 三十四 |
| xiān | 籼 | 卷二 | 九十三 |
| xiān | 仙 | 卷二 | 九十七 |
| xiān | 鲜（鮮） | 卷三 | 九 |
| xiān | 先 | 卷四 | 四十八 |
| xián | 弦 | 卷一 | 十 |
| xián | 闲（閑） | 卷一 | 七十一 |
| xián | 贤（賢） | 卷二 | 三十七 |
| xián | 衔（銜） | 卷二 | 四十九 |
| xián | 弦（絃） | 卷二 | 六十八 |
| xián | 咸（鹹） | 卷三 | 十 |
| xián | 咸 | 卷四 | 五十六 |
| xiǎn | 险（險） | 卷一 | 五十 |
| xiǎn | 鲜（鮮） | 卷三 | 九 |
| xiǎn | 显（顯） | 卷四 | 七十 |
| xiàn | 霰 | 卷一 | 四 |
| xiàn | 县（縣） | 卷一 | 四十三 |
| xiàn | 限 | 卷一 | 五十 |
| xiàn | 宪（憲） | 卷二 | 四十八 |
| xiàn | 线（綫） | 卷二 | 六十九 |
| xiàn | 苋（莧） | 卷三 | 五十五 |
| xiàn | 羡 | 卷四 | 十一 |
| xiàn | 见（見） | 卷四 | 十九 |
| xiàn | 陷 | 卷四 | 四十七 |
| xiàn | 献（獻） | 卷四 | 五十二 |
| xiāng | 湘 | 卷一 | 二十三 |
| xiāng | 乡（鄉） | 卷一 | 四十四 |
| xiāng | 厢（廂） | 卷一 | 六十四 |
| xiāng | 香 | 卷三 | 二十四 |
| xiāng | 箱 | 卷三 | 二十六 |
| xiāng | 镶（鑲） | 卷三 | 四十五 |
| xiāng | 相 | 卷四 | 二十 |
| xiāng | 襄 | 卷四 | 五十 |
| xiáng | 庠 | 卷一 | 六十一 |
| xiáng | 祥 | 卷二 | 四十一 |
| xiáng | 翔 | 卷三 | 八十二 |
| xiáng | 降 | 卷四 | 四十二 |
| xiáng | 详（詳） | 卷四 | 六十三 |
| xiǎng | 享 | 卷二 | 三 |
| xiǎng | 饷（餉） | 卷二 | 八十八 |
| xiǎng | 鲞 | 卷三 | 九十四 |
| xiǎng | 想 | 卷四 | 十 |
| xiǎng | 响（響） | 卷四 | 十九 |
| xiàng | 巷 | 卷一 | 四十五 |
| xiàng | 向 | 卷二 | 六十四 |
| xiàng | 像 | 卷二 | 六十七 |
| xiàng | 项（項） | 卷二 | 七十四 |
| xiàng | 橡 | 卷三 | 七十三 |
| xiàng | 象 | 卷三 | 八十四 |
| xiàng | 相 | 卷四 | 二十 |
| xiāo | 霄 | 卷一 | 六 |
| xiāo | 宵 | 卷一 | 十二 |
| xiāo | 箫（簫） | 卷二 | 七 |
| xiāo | 硝 | 卷二 | 六十一 |
| xiāo | 削 | 卷三 | 四十二 |
| xiāo | 消 | 卷三 | 五十 |
| xiāo | 萧（蕭） | 卷三 | 六十一 |
| xiāo | 枭（梟） | 卷三 | 七十七 |
| xiāo | 鸮（鴞） | 卷三 | 七十七 |
| xiāo | 嚣（囂） | 卷四 | 二十五 |
| xiāo | 宵 | 卷四 | 十二 |
| xiāo | 逍 | 卷四 | 四十七 |
| xiǎo | 晓（曉） | 卷一 | 十二 |
| xiǎo | 筱（篠） | 卷三 | 七十五 |
| xiǎo | 小 | 卷四 | 六十二 |
| xiào | 校 | 卷一 | 六十一 |
| xiào | 孝 | 卷二 | 三十八 |
| xiào | 笑 | 卷四 | 二十六 |
| xiào | 啸（嘯） | 卷四 | 二十七 |
| xiào | 效（効） | 卷四 | 四十九 |
| xiē | 蝎（蠍） | 卷三 | 百零一 |

yā 押 卷二 五十二
yā 压（壓） 卷二 六十三
yā 雅（鴉） 卷三 八十
yā 鸭（鴨） 卷三 八十一
yá 涯 卷一 五十四
yá 衙 卷一 六十三
yá 牙 卷二 七十六
yá 芽 卷三 五十七
yǎ 雅 卷三 八十
yà 亚（亞） 卷一 三十一
yà 讶（訝） 卷四 二十八
yà 迓 卷四 四十四
yān 烟（煙） 卷一 六
yān 殷 卷二 二十四
yān 淹 卷三 五十一
yān 燕 卷三 八十
yān 咽 卷四 三十一
yān 焉 卷四 八十六
yán 岩（巖） 卷一 五十一
yán 檐 卷一 六十九
yán 筵 卷二 四
yán 严（嚴） 卷二 四十
yán 盐（鹽） 卷二 六十一
yán 颜（顔） 卷二 八十二

xún 旬 卷一 十一
xún 巡 卷四 五十三
xún 寻（尋） 卷四 五十四
xún 循 卷四 七十二
xùn 汛 卷一 五十七
xùn 训（訓） 卷二 十二
xùn 逊（遜） 卷二 三十二
xùn 徇 卷二 八十六
xùn 蕈（菌） 卷三 五十六
xùn 驯（馴） 卷三 九十
xùn 讯（訊） 卷四 二十四
xùn 迅 卷四 六十八

xù 恤 卷四 十八
xù 叙（敘） 卷四 三十
xù 蓄 卷四 五十五
xuān 煖 卷一 八
xuān 轩（軒） 卷一 六十四
xuān 萱 卷三 六十四
xuān 宣 卷四 二十三
xuān 喧 卷四 二十四
xuán 玄 卷三 九
xuán 旋 卷四 九
xuǎn 选（選） 卷四 五十
xuàn 绚（絢） 卷三 十
xuàn 旋 卷四 九
xuē 薛 卷二 二十五
xuē 靴（鞾） 卷三 十四
xuē 削 卷三 四十二
xué 穴 卷一 五十二
xué 学（學） 卷一 六十一
xuě 雪 卷一 四
xuè 血 卷二 七十三
xuè 谑（謔） 卷四 二十九
xūn 勋（勳） 卷二 十七
xūn 熏 卷三 五十二
xūn 薰 卷三 六十二

xiū 休 卷四 八
xiū 羞 卷四 十三
xiǔ 朽 卷三 四十三
xiù 宿 卷一 三
xiù 秀 卷二 九十二
xiù 绣（繡） 卷二 九十五
xiù 臭 卷三 十
xiù 袖（褎） 卷三 十三
xū 戌 卷一 十四
xū 墟 卷一 四十七
xū 胥 卷二 五十
xū 须（須） 卷二 八十二
xū 吁 卷四 二十八
xū 需 卷四 五十五
xū 虚 卷四 七十
xú 徐 卷四 六十八
xǔ 许（許） 卷四 二十九
xù 旭 卷一 八
xù 序 卷一 六十一
xù 绪（緒） 卷二 一
xù 婿（壻） 卷二 三十一
xù 絮 卷三 十七
xù 续（續） 卷三 四十四
xù 畜 卷三 八十四

xīn 薪 卷三 六十四
xīn 欣 卷四 十一
xìn 信 卷二 三十九
xīng 星 卷一 二
xīng 腥 卷三 十
xīng 猩 卷三 八十六
xīng 兴（興） 卷四 五
xíng 刑 卷二 九
xíng 形 卷二 六十九
xíng 行 卷四 四十四
xǐng 省 卷一 二十九
xǐng 醒 卷二 九十
xìng 姓 卷二 二十四
xìng 杏 卷三 六十五
xìng 兴（興） 卷四 五
xìng 性 卷四 十
xìng 幸 卷四 十一
xiōng 兄 卷二 三十
xiōng 凶 卷二 四十五
xiōng 胸 卷二 七十七
xióng 雄 卷三 八十二
xióng 熊 卷三 八十四
xiū 脩 卷二 八十九
xiū 修 卷四 三

xiē 歇 卷四 六十
xié 邪 卷二 四十四
xié 斜 卷二 六十六
xié 胁（脅） 卷二 七十九
xié 鞋（鞵） 卷三 十四
xié 偕 卷四 六
xié 挟（挾） 卷四 三十三
xié 携（攜） 卷四 三十四
xié 协（協） 卷四 五十七
xiě 写（寫） 卷二 十六
xiè 械 卷二 十
xiè 亵（褻） 卷三 十二
xiè 屑 卷三 四十七
xiè 泻（瀉） 卷三 四十九
xiè 蟹 卷三 九十六
xiè 懈 卷四 十五
xiè 解 卷四 十七
xiè 谢（謝） 卷四 二十九
xiè 卸 卷四 五十四
xīn 辛 卷一 十三
xīn 新 卷一 二十六
xīn 锌（鋅） 卷二 五十九
xīn 心 卷二 七十七
xīn 馨 卷三 五十八

yì 臆 卷四 四
yì 逸 卷四 六
yì 忆（憶） 卷四 十
yì 意 卷四 十
yì 议（議） 卷四 二十三
yì 译（譯） 卷四 三十
yì 诣（詣） 卷四 四十六
yì 肄 卷四 四十九
yì 异（異） 卷四 六十三
yì 益 卷四 七十
yì 亦 卷四 七十七
yì 抑 卷四 七十八
yīn 阴（陰） 卷一 八
yīn 殷 卷二 二十四
yīn 姻 卷二 三十二
yīn 音 卷二 六十八
yīn 荫（蔭） 卷三 七十
yīn 因 卷四 八十三
yín 寅 卷一 十四
yín 淫 卷二 四十四
yín 银（銀） 卷二 五十八
yín 吟 卷四 二十七
yǐn 尹 卷二 四十八
yǐn 饮（飲） 卷二 八十七
yǐ 已 卷四 八十六
yǐ 矣 卷四 八十六
yì 义（義） 卷一 三十九
yì 邑 卷一 四十三
yì 驿（驛） 卷一 四十六
yì 佾 卷二 八
yì 易 卷二 十三
yì 裔 卷二 二十九
yì 乂 卷二 三十七
yì 懿 卷二 三十八
yì 毅 卷二 四十
yì 役 卷二 五十
yì 弋 卷二 五十四
yì 艺（藝） 卷二 五十四
yì 弈 卷二 五十四
yì 疫 卷二 八十三
yì 缢（縊） 卷二 八十四
yì 亿（億） 卷三 二
yì 衣 卷三 十一
yì 镒（鎰） 卷三 二十一
yì 溢 卷三 四十九
yì 艾 卷三 六十二
yì 薏 卷三 六十七
yì 翼 卷三 八十二
yī 椅 卷三 二十二
yī 依 卷四 五
yī 噫 卷四 二十八
yī 揖 卷四 三十二
yī 伊 卷四 七十六
yí 仪（儀） 卷一 八
yí 夷 卷一 五十
yí 沂 卷一 五十七
yí 彝 卷二 四
yí 姨 卷二 三十一
yí 颐（頤） 卷二 七十四
yí 蛇 卷三 九十二
yí 怡 卷四 十
yí 疑 卷四 十五
yí 移 卷四 四十三
yí 宜 卷四 四十八
yí 贻（貽） 卷四 五十二
yí 遗（遺） 卷四 五十二
yí 台 卷四 七十五
yǐ 乙 卷一 十三
yǐ 椅 卷三 二十二
yǐ 蚁（蟻） 卷三 百零三
yǐ 倚 卷四 五
yǐ 以 卷四 七十八
yáo 肴 卷二 八十九
yáo 瑶（瑤） 卷三 十九
yáo 轺（軺） 卷三 三十八
yáo 谣（謠） 卷四 二十七
yáo 摇（搖） 卷四 三十九
yǎo 杳 卷四 六十二
yào 曜 卷一 七
yào 钥（鑰） 卷三 二十九
yào 药（藥） 卷三 五十九
yào 要 卷四 八十二
yē 耶 卷四 八十六
yé 爷（爺） 卷二 三十
yě 野 卷一 四十六
yě 冶 卷三 四十二
yě 也 卷四 八十六
yè 夜 卷一 十二
yè 液 卷二 八十二
yè 业（業） 卷四 四十八
yè 谒（謁） 卷四 五十一
yè 叶（葉） 卷三 五十七
yī 医（醫） 卷二 五十五
yī 一 卷三 一
yī 壹 卷三 三
yī 衣 卷三 十一
yāng 央 卷一 十五
yāng 秧 卷二 九十二
yāng 鞅 卷三 三十九
yāng 鸯（鴦） 卷三 八十一
yáng 飏（颺） 卷一 五
yáng 阳（陽） 卷一 八
yáng 洋 卷一 五十四
yáng 杨（楊） 卷三 七十四
yáng 羊 卷三 八十八
yáng 佯 卷四 四
yáng 扬（揚） 卷四 三十九
yǎng 养（養） 卷二 五十七
yǎng 仰 卷四 七
yàng 恙 卷二 八十三
yàng 样（樣） 卷三 七
yāo 腰 卷二 七十七
yāo 夭 卷二 四十六
yāo 妖 卷二 四十六
yāo 邀 卷四 四十五
yāo 要 卷四 八十二
yáo 遥 卷一 四十九
yáo 爻 卷二 十三
yáo 尧（堯） 卷二 二十五
yáo 陶 卷二 二十六
yán 沿 卷三 五十
yán 妍 卷四 一
yán 言 卷四 二十二
yán 延 卷四 七十一
yǎn 兖 卷一 二十四
yǎn 眼 卷二 七十五
yǎn 偃 卷四 七
yǎn 掩 卷四 四十
yǎn 衍 卷四 五十六
yǎn 演 卷四 五十九
yǎn 俨（儼） 卷四 六十一
yàn 晏 卷一 十二
yàn 宴 卷二 三
yàn 砚（硯） 卷二 十六
yàn 彦（彥） 卷二 三十五
yàn 唁 卷二 八十五
yàn 餍（饜） 卷二 九十
yàn 焰（燄） 卷二 九十八
yàn 雁 卷三 七十七
yàn 燕 卷三 八十
yàn 谚（諺） 卷四 二十七
yàn 咽 卷四 三十一
yàn 验（驗） 卷四 五十五
yàn 艳（豔） 卷四 七十四

| 拼音 | 字 | 卷 | 页 |
| --- | --- | --- | --- |
| yù | 裕 | 卷四 | 六十四 |
| yù | 聿 | 卷四 | 七十七 |
| yù | 愈 | 卷四 | 八十 |
| yuān | 渊(淵) | 卷一 | 五十八 |
| yuān | 冤 | 卷二 | 九 |
| yuān | 鸢(鳶) | 卷三 | 七十九 |
| yuān | 鸳(鴛) | 卷三 | 八十一 |
| yuān | 宛 | 卷四 | 六十一 |
| yuán | 沅 | 卷一 | 二十三 |
| yuán | 原 | 卷一 | 四十六 |
| yuán | 源 | 卷一 | 五十七 |
| yuán | 园(園) | 卷一 | 六十七 |
| yuán | 垣 | 卷一 | 七十 |
| yuán | 袁 | 卷二 | 二十七 |
| yuán | 员(員) | 卷二 | 四十七 |
| yuán | 元 | 卷二 | 四十九 |
| yuán | 圜 | 卷二 | 七十 |
| yuán | 缘(緣) | 卷三 | 十六 |
| yuán | 辕(轅) | 卷三 | 三十八 |
| yuán | 猿(猨) | 卷三 | 八十四 |
| yuán | 鼋(黿) | 卷三 | 九十五 |
| yuán | 援 | 卷四 | 三十二 |
| yuán | 爰 | 卷四 | 七十七 |
| yuǎn | 远(遠) | 卷一 | 四十八 |
| yù | 豫 | 卷一 | 二十三 |
| yù | 域 | 卷一 | 四十三 |
| yù | 寓 | 卷一 | 六十六 |
| yù | 谕(諭) | 卷二 | 二 |
| yù | 狱(獄) | 卷二 | 十 |
| yù | 御(禦) | 卷二 | 十八 |
| yù | 妪(嫗) | 卷二 | 三十 |
| yù | 鹬 | 卷二 | 五十一 |
| yù | 玉 | 卷三 | 十九 |
| yù | 郁(鬱) | 卷三 | 六十 |
| yù | 芋 | 卷三 | 六十八 |
| yù | 菀 | 卷三 | 七十 |
| yù | 驭(馭) | 卷三 | 九十一 |
| yù | 育 | 卷四 | 一 |
| yù | 浴 | 卷四 | 四 |
| yù | 毓 | 卷四 | 八 |
| yù | 欲 | 卷四 | 十五 |
| yù | 语(語) | 卷四 | 二十二 |
| yù | 喻 | 卷四 | 二十三 |
| yù | 誉(譽) | 卷四 | 二十五 |
| yù | 吁 | 卷四 | 二十八 |
| yù | 与(與) | 卷四 | 三十三 |
| yù | 遇 | 卷四 | 四十五 |
| yù | 预(預) | 卷四 | 五十五 |
| yú | 渔(漁) | 卷二 | 五十五 |
| yú | 余(餘) | 卷三 | 七 |
| yú | 瑜 | 卷三 | 二十 |
| yú | 盂 | 卷三 | 三十二 |
| yú | 舆(輿) | 卷三 | 三十八 |
| yú | 榆 | 卷三 | 七十二 |
| yú | 鱼(魚) | 卷三 | 九十三 |
| yú | 谀(諛) | 卷四 | 二十九 |
| yú | 与(與) | 卷四 | 三十三 |
| yú | 逾(踰) | 卷四 | 四十二 |
| yú | 娱(娛) | 卷四 | 五十七 |
| yú | 余 | 卷四 | 七十五 |
| yú | 予 | 卷四 | 七十五 |
| yú | 於 | 卷四 | 七十七 |
| yǔ | 雨 | 卷一 | 三 |
| yǔ | 宇 | 卷一 | 十六 |
| yǔ | 屿(嶼) | 卷一 | 五十一 |
| yǔ | 禹 | 卷二 | 二十五 |
| yǔ | 妪(嫗) | 卷二 | 三十 |
| yǔ | 羽 | 卷三 | 八十二 |
| yǔ | 语(語) | 卷四 | 二十二 |
| yǔ | 与(與) | 卷四 | 三十三 |
| yǔ | 予 | 卷四 | 七十五 |
| yù | 雨 | 卷一 | 三 |
| yóu | 游 | 卷三 | 五十 |
| yóu | 莸(蕕) | 卷三 | 六十二 |
| yóu | 尤 | 卷四 | 八十 |
| yóu | 犹(猶) | 卷四 | 八十一 |
| yóu | 由 | 卷四 | 八十五 |
| yǒu | 酉 | 卷一 | 十四 |
| yǒu | 牖 | 卷一 | 六十九 |
| yǒu | 友 | 卷二 | 三十三 |
| yǒu | 莠 | 卷三 | 六十四 |
| yǒu | 有 | 卷四 | 七十八 |
| yòu | 右 | 卷一 | 十五 |
| yòu | 囿 | 卷一 | 六十七 |
| yòu | 宥 | 卷二 | 九 |
| yòu | 诱(誘) | 卷四 | 二十九 |
| yòu | 佑 | 卷四 | 五十三 |
| yòu | 又 | 卷四 | 八十一 |
| yū | 迂 | 卷一 | 四十九 |
| yū | 淤 | 卷三 | 五十 |
| yū | 吁 | 卷四 | 二十八 |
| yú | 隅 | 卷一 | 四十八 |
| yú | 竽 | 卷二 | 八 |
| yú | 虞 | 卷二 | 二十四 |
| yú | 俞 | 卷二 | 二十七 |
| yú | 愚 | 卷二 | 四十一 |
| yǐng | 颖(穎) | 卷二 | 九十二 |
| yìng | 媵 | 卷二 | 三十二 |
| yìng | 硬 | 卷四 | 六十七 |
| yìng | 应(應) | 卷四 | 八十二 |
| yōng | 佣(傭) | 卷二 | 三十六 |
| yōng | 雍 | 卷二 | 三十九 |
| yōng | 饔 | 卷二 | 八十七 |
| yōng | 壅 | 卷三 | 五十 |
| yōng | 拥(擁) | 卷四 | 三十三 |
| yōng | 庸 | 卷四 | 七十四 |
| yǒng | 勇 | 卷二 | 十七 |
| yǒng | 俑 | 卷二 | 八十六 |
| yǒng | 涌(湧) | 卷三 | 四十九 |
| yǒng | 蛹 | 卷三 | 一百 |
| yǒng | 咏(詠) | 卷四 | 三十 |
| yǒng | 永 | 卷四 | 六十四 |
| yòng | 用 | 卷四 | 五十五 |
| yōu | 优(優) | 卷二 | 五十六 |
| yōu | 忧(憂) | 卷四 | 十一 |
| yōu | 幽 | 卷四 | 六十二 |
| yōu | 悠 | 卷四 | 六十四 |
| yōu | 攸 | 卷四 | 八十五 |
| yóu | 邮(郵) | 卷一 | 四十七 |
| yóu | 油 | 卷二 | 八十八 |
| yǐn | 蚓 | 卷三 | 百零一 |
| yǐn | 引 | 卷四 | 三十八 |
| yǐn | 隐(隱) | 卷四 | 七十 |
| yìn | 印 | 卷一 | 三十四 |
| yìn | 荫(蔭) | 卷三 | 七十 |
| yīng | 英 | 卷一 | 三十七 |
| yīng | 婴(嬰) | 卷二 | 三十四 |
| yīng | 膺 | 卷二 | 七十六 |
| yīng | 缨(纓) | 卷三 | 十一 |
| yīng | 樱(櫻) | 卷三 | 六十五 |
| yīng | 鹰(鷹) | 卷三 | 七十七 |
| yīng | 鹦(鸚) | 卷三 | 七十九 |
| yīng | 莺(鶯) | 卷三 | 八十 |
| yīng | 应(應) | 卷四 | 八十二 |
| yíng | 瀛 | 卷一 | 五十四 |
| yíng | 楹 | 卷一 | 七十 |
| yíng | 营(營) | 卷二 | 二十一 |
| yíng | 赢(贏) | 卷二 | 五十三 |
| yíng | 盈 | 卷三 | 七 |
| yíng | 萤(螢) | 卷三 | 一百 |
| yíng | 蝇(蠅) | 卷三 | 一百 |
| yíng | 迎 | 卷四 | 四十三 |
| yǐng | 颍(潁) | 卷一 | 五十六 |
| yǐng | 影 | 卷二 | 六十七 |

| | | | |
|---|---|---|---|
| yuàn | 院 | 卷一 | 六十五 |
| yuàn | 苑 | 卷一 | 六十七 |
| yuàn | 愿(願) | 卷四 | 十一 |
| yuàn | 怨 | 卷四 | 十二 |
| yuē | 曰 | 卷四 | 二十二 |
| yuē | 约(約) | 卷四 | 五十一 |
| yuè | 月 | 卷一 | 一 |
| yuè | 越 | 卷一 | 二十一 |
| yuè | 粤(粵) | 卷一 | 二十七 |
| yuè | 岳(嶽) | 卷一 | 五十一 |
| yuè | 阅(閱) | 卷一 | 六十九 |
| yuè | 乐(樂) | 卷二 | 六 |
| yuè | 钺(鉞) | 卷二 | 二十 |
| yuè | 跃(躍) | 卷二 | 六十四 |
| yuè | 悦 | 卷四 | 十 |
| yuè | 说(說) | 卷四 | 二十二 |
| yún | 云(雲) | 卷一 | 二十二 |
| yún | 耘 | 卷二 | 九十一 |
| yún | 芸 | 卷三 | 六十二 |
| yún | 筠 | 卷三 | 七十五 |
| yún | 云 | 卷四 | 二十二 |
| yún | 匀 | 卷四 | 六十八 |
| yún | 纭(紜) | 卷四 | 六十八 |
| yǔn | 陨(隕) | 卷二 | 八十四 |
| yǔn | 允 | 卷四 | 二十九 |
| yùn | 晕(暈) | 卷一 | 六 |
| yùn | 孕 | 卷四 | 一 |
| yùn | 愠 | 卷四 | 十四 |
| yùn | 蕴(藴) | 卷四 | 十六 |
| yùn | 韵(韻) | 卷四 | 十九 |
| yùn | 运(運) | 卷四 | 四十六 |

# Z

| | | | |
|---|---|---|---|
| zá | 杂(雜) | 卷四 | 六十九 |
| zāi | 栽 | 卷二 | 九十一 |
| zāi | 灾(災) | 卷三 | 五十二 |
| zāi | 哉 | 卷四 | 八十六 |
| zǎi | 宰 | 卷二 | 四十九 |
| zǎi | 载(載) | 卷三 | 四十八 |
| zài | 再 | 卷三 | 一 |
| zài | 载(載) | 卷三 | 四十八 |
| zài | 在 | 卷四 | 六 |
| zān | 簪 | 卷三 | 十八 |
| zàn | 暂(暫) | 卷一 | 十一 |
| zàn | 赞(贊) | 卷四 | 二十五 |
| zāng | 赃(贓) | 卷二 | 五十 |
| zàng | 藏 | 卷一 | 三十 |
| zàng | 脏(臟) | 卷二 | 七十六 |
| zàng | 葬 | 卷二 | 八十六 |
| zāo | 糟 | 卷二 | 八十八 |
| zāo | 遭 | 卷四 | 四十五 |
| záo | 凿(鑿) | 卷三 | 三十四 |
| zǎo | 早 | 卷一 | 十一 |
| zǎo | 藻 | 卷三 | 六十 |
| zǎo | 枣(棗) | 卷三 | 六十七 |
| zǎo | 蚤(蚤) | 卷三 | 百零三 |
| zào | 灶(竈) | 卷一 | 六十八 |
| zào | 皂(皁) | 卷二 | 三十六 |
| zào | 燥 | 卷三 | 五十三 |
| zào | 造 | 卷四 | 四十六 |
| zé | 泽(澤) | 卷一 | 五十八 |
| zé | 啧(嘖) | 卷四 | 二十五 |
| zé | 择(擇) | 卷四 | 三十六 |
| zé | 则(則) | 卷四 | 八十三 |
| zè | 昃 | 卷一 | 十二 |
| zè | 仄 | 卷四 | 七十三 |
| zéi | 贼(賊) | 卷二 | 四十六 |
| zèn | 谮(譖) | 卷四 | 二十六 |
| zēng | 曾 | 卷二 | 二十八 |
| zēng | 憎 | 卷四 | 十四 |
| zēng | 增 | 卷四 | 七十 |
| zèng | 赠(贈) | 卷四 | 五十二 |
| zhà | 乍 | 卷一 | 十一 |
| zhà | 栅 | 卷一 | 六十三 |
| zhà | 诈(詐) | 卷二 | 四十二 |
| zhāi | 斋(齋) | 卷一 | 六十六 |
| zhāi | 摘 | 卷四 | 三十八 |
| zhái | 宅 | 卷一 | 六十三 |
| zhài | 债(債) | 卷二 | 五十三 |
| zhān | 粘(黏) | 卷二 | 六十三 |
| zhān | 毡(氈) | 卷三 | 二十四 |
| zhān | 沾 | 卷三 | 四十七 |
| zhǎn | 斩(斬) | 卷二 | 十一 |
| zhǎn | 盏(盞) | 卷三 | 三十二 |
| zhǎn | 展 | 卷四 | 三十九 |
| zhàn | 栈(棧) | 卷一 | 六十六 |
| zhàn | 战(戰) | 卷二 | 十八 |
| zhàn | 占 | 卷二 | 五十五 |
| zhàn | 站 | 卷四 | 四十一 |
| zhāng | 章 | 卷一 | 二十一 |
| zhāng | 漳 | 卷一 | 五十六 |
| zhāng | 璋 | 卷三 | 二十 |
| zhāng | 樟 | 卷三 | 七十二 |
| zhāng | 张(張) | 卷四 | 三十九 |
| zhāng | 彰 | 卷四 | 七十 |
| zhǎng | 涨(漲) | 卷二 | 六十三 |
| zhǎng | 掌 | 卷二 | 八十 |
| zhǎng | 长(長) | 卷四 | 六十一 |
| zhàng | 涨(漲) | 卷二 | 六十三 |
| zhàng | 瘴 | 卷二 | 八十三 |
| zhàng | 丈 | 卷三 | 四 |
| zhàng | 帐(帳) | 卷三 | 二十四 |
| zhàng | 杖 | 卷三 | 三十六 |
| zhàng | 仗 | 卷四 | 五十三 |
| zhāo | 昭 | 卷一 | 七 |
| zhāo | 朝 | 卷一 | 六十 |
| zhāo | 招 | 卷二 | 五十二 |
| zhǎo | 沼 | 卷一 | 五十九 |
| zhǎo | 爪 | 卷二 | 八十一 |
| zhào | 诏(詔) | 卷二 | 一 |
| zhào | 照 | 卷一 | 七 |
| zhào | 赵(趙) | 卷二 | 二十五 |
| zhào | 兆 | 卷三 | 三 |
| zhào | 召 | 卷四 | 二十四 |
| zhào | 肇 | 卷四 | 四十八 |
| zhē | 折 | 卷二 | 六十七 |
| zhē | 遮 | 卷四 | 八 |
| zhé | 哲 | 卷二 | 三十七 |
| zhé | 谪(謫) | 卷二 | 五十 |
| zhé | 折(摺) | 卷二 | 五十三 |
| zhé | 折 | 卷二 | 六十七 |
| zhé | 辙(轍) | 卷三 | 三十九 |
| zhé | 蛰(蟄) | 卷三 | 百零三 |
| zhé | 辄(輒) | 卷四 | 八十一 |
| zhě | 者 | 卷四 | 八十六 |
| zhè | 浙 | 卷一 | 二十一 |
| zhè | 蔗 | 卷三 | 六十八 |
| zhēn | 贞(貞) | 卷二 | 三十八 |
| zhēn | 箴 | 卷二 | 十五 |

zhǔ 渚 卷一 五十八
zhǔ 属（屬） 卷二 四十九
zhǔ 煮 卷三 五十三
zhǔ 麈 卷三 八十五
zhǔ 主 卷四 七十六
zhù 柱 卷一 七十
zhù 祝 卷二 三
zhù 注（註） 卷二 十六
zhù 著 卷二 十六
zhù 助 卷二 六十三
zhù 杼 卷三 二十七
zhù 箸 卷三 三十一
zhù 铸（鑄） 卷三 四十二
zhù 筑（築） 卷三 四十八
zhù 注 卷三 五十一
zhù 炷 卷三 五十三
zhù 翥 卷三 八十二
zhù 驻（駐） 卷三 九十一
zhù 蛀 卷三 百零三
zhù 住 卷四 九
zhuǎ 爪 卷二 八十一
zhuān 砖（甎） 卷三 三十四
zhuān 专（專） 卷四 十八
zhuàn 篆 卷二 十五

zhōu 舟 卷三 三十六
zhóu 轴（軸） 卷二 六十五
zhǒu 肘 卷二 八十
zhǒu 帚 卷三 二十八
zhòu 昼（晝） 卷一 十二
zhòu 宙 卷一 十六
zhòu 胄 卷二 二十二
zhòu 纣（紂） 卷二 二十七
zhòu 绉（縐） 卷三 十六
zhòu 骤（驟） 卷三 九十一
zhòu 皱（皺） 卷四 三
zhòu 咒（呪） 卷四 二十八
zhū 诛（誅） 卷二 十
zhū 铢（銖） 卷三 五
zhū 朱 卷三 八
zhū 珠 卷三 十九
zhū 株 卷三 六十九
zhū 猪（豬） 卷三 八十九
zhū 蛛 卷三 百零二
zhū 诸（諸） 卷四 八十六
zhú 烛（燭） 卷三 二十五
zhú 术 卷三 六十三
zhú 竹 卷三 七十五
zhú 逐 卷四 四十五

zhì 置 卷四 四十九
zhì 致 卷四 五十一
zhì 窒 卷四 六十九
zhì 滞（滯） 卷四 六十九
zhōng 中 卷一 十五
zhōng 钟（鐘） 卷二 六
zhōng 忠 卷二 三十八
zhōng 锺（鍾） 卷三 三十二
zhōng 螽 卷三 九十八
zhōng 衷 卷四 十
zhōng 终（終） 卷四 四十九
zhǒng 踵 卷二 八十一
zhǒng 肿（腫） 卷二 八十三
zhǒng 冢 卷二 八十六
zhǒng 种（種） 卷二 九十一
zhòng 中 卷一 十五
zhòng 众（衆） 卷一 四十一
zhòng 重 卷二 六十五
zhòng 种（種） 卷二 九十一
zhòng 仲 卷四 七十六
zhōu 州 卷一 四十三
zhōu 洲 卷一 四十四
zhōu 周 卷二 二十四
zhōu 粥 卷二 八十七

zhǐ 祇 卷二 九十七
zhǐ 旨 卷三 十
zhǐ 徵 卷四 五十一
zhǐ 止 卷四 五十八
zhǐ 只 卷四 八十六
zhì 制 卷二 一
zhì 治 卷二 一
zhì 贽（贄） 卷二 三
zhì 稚 卷二 三十四
zhì 质（質） 卷二 三十七
zhì 秩 卷二 五十
zhì 志（誌） 卷二 八十五
zhì 栉（櫛） 卷三 二十六
zhì 制（製） 卷三 四十二
zhì 炙 卷三 五十二
zhì 雉 卷三 七十九
zhì 鸷（鷙） 卷三 八十
zhì 豸 卷三 八十七
zhì 彘 卷三 八十九
zhì 志 卷四 十
zhì 识（識） 卷四 十七
zhì 掷（擲） 卷四 四十
zhì 陟 卷四 四十二
zhì 至 卷四 四十三

zhèng 证（證） 卷四 二十三
zhī 支 卷一 十三
zhī 脂 卷二 七十三
zhī 肢 卷二 七十九
zhī 汁 卷二 八十八
zhī 织（織） 卷二 九十六
zhī 只（隻） 卷三 一
zhī 芝 卷三 六十二
zhī 枝 卷三 六十九
zhī 知 卷四 十七
zhī 之 卷四 八十六
zhī 只 卷四 八十六
zhí 直 卷一 十九
zhí 侄（姪） 卷二 三十一
zhí 职（職） 卷二 四十七
zhí 值 卷二 五十三
zhí 植 卷二 九十一
zhí 执（執） 卷四 三十四
zhí 摭（拓） 卷四 三十九
zhǐ 址 卷一 七十一
zhǐ 纸（紙） 卷二 十六
zhǐ 祉 卷二 四十一
zhǐ 指 卷二 七十九
zhǐ 趾 卷二 八十一

zhēn 真 卷二 九十七
zhēn 珍 卷三 二十
zhēn 针（鍼） 卷三 二十七
zhēn 甄 卷三 四十二
zhēn 斟 卷三 四十七
zhēn 榛 卷三 七十一
zhěn 枕 卷三 二十三
zhèn 震 卷一 五
zhèn 镇（鎮） 卷一 四十五
zhèn 赈（賑） 卷二 二
zhèn 鸩（酖） 卷二 八十九
zhèn 振 卷四 四十八
zhèn 朕 卷四 七十五
zhēng 正 卷一 十五
zhēng 筝（箏） 卷二 七
zhēng 征 卷二 十八
zhēng 争（爭） 卷二 四十六
zhēng 征（徵） 卷四 五十一
zhěng 烝 卷三 五十二
zhěng 整 卷四 六十八
zhèng 正 卷一 十五
zhèng 政 卷二 一
zhèng 郑（鄭） 卷二 二十五
zhèng 争（爭） 卷二 四十六

| 拼音 | 字 | 卷 | 页 |
|---|---|---|---|
| zhuàn | 撰 | 卷二 | 十六 |
| zhuàn | 传（傳） | 卷二 | 六十三 |
| zhuàn | 转（轉） | 卷三 | 四十八 |
| zhuàn | 啭（囀） | 卷四 | 二十七 |
| zhuāng | 庄（莊） | 卷二 | 三十九 |
| zhuāng | 装（裝） | 卷三 | 四十八 |
| zhuāng | 妆（妝） | 卷四 | 四 |
| zhuàng | 壮（壯） | 卷四 | 二 |
| zhuàng | 撞 | 卷四 | 三十五 |
| zhuàng | 状（狀） | 卷四 | 六十一 |
| zhuī | 锥（錐） | 卷三 | 三十五 |
| zhuī | 椎 | 卷三 | 三十五 |
| zhuī | 追 | 卷四 | 四十五 |
| zhuì | 坠（墜） | 卷二 | 六十五 |
| zhuì | 缀（綴） | 卷二 | 九十六 |
| zhuì | 赘（贅） | 卷四 | 四 |
| zhūn | 谆（諄） | 卷四 | 二十六 |
| zhǔn | 准（準） | 卷三 | 三十 |
| zhuō | 拙 | 卷二 | 四十一 |
| zhuō | 桌 | 卷三 | 二十二 |
| zhuō | 捉 | 卷四 | 三十五 |
| zhuó | 著 | 卷二 | 十六 |
| zhuó | 酌 | 卷二 | 八十九 |
| zhuó | 镯（鐲） | 卷三 | 十九 |
| zhuó | 斲 | 卷三 | 四十二 |
| zhuó | 琢 | 卷三 | 四十五 |
| zhuó | 濯 | 卷三 | 四十六 |
| zhuó | 浊（濁） | 卷三 | 四十九 |
| zhuó | 啄 | 卷四 | 三十一 |
| zhuó | 卓 | 卷四 | 六十三 |
| zī | 资（資） | 卷二 | 三十七 |
| zī | 锱（錙） | 卷三 | 五 |
| zī | 缁（緇） | 卷三 | 十 |
| zī | 滋 | 卷三 | 五十一 |
| zī | 姿 | 卷四 | 一 |
| zī | 咨 | 卷四 | 二十八 |
| zǐ | 子 | 卷一 | 十四 |
| zǐ | 姊（姉） | 卷二 | 三十一 |
| zǐ | 紫 | 卷三 | 八 |
| zǐ | 梓 | 卷三 | 七十一 |
| zì | 字 | 卷二 | 十二 |
| zì | 恣 | 卷四 | 十四 |
| zì | 自 | 卷四 | 七十五 |
| zōng | 宗 | 卷二 | 二十八 |
| zōng | 棕（椶） | 卷三 | 七十一 |
| zōng | 踪（蹤） | 卷四 | 四十七 |
| zǒng | 总（總） | 卷三 | 七 |
| zòng | 纵（縱） | 卷一 | 十六 |
| zōu | 邹（鄒） | 卷二 | 二十五 |
| zǒu | 走 | 卷四 | 四十四 |
| zòu | 奏 | 卷二 | 二 |
| zū | 租 | 卷二 | 二 |
| zú | 卒 | 卷二 | 十七 |
| zú | 族 | 卷二 | 二十八 |
| zú | 足 | 卷二 | 八十 |
| zǔ | 俎 | 卷二 | 五 |
| zǔ | 祖 | 卷二 | 二十八 |
| zǔ | 阻 | 卷二 | 六十三 |
| zǔ | 组（組） | 卷三 | 十五 |
| zuān | 钻（鑽） | 卷三 | 四十五 |
| zuàn | 钻（鑽） | 卷三 | 四十五 |
| zuì | 罪 | 卷二 | 十一 |
| zuì | 醉 | 卷二 | 八十九 |
| zuì | 最 | 卷四 | 八十 |
| zūn | 遵 | 卷四 | 四十六 |
| zūn | 尊 | 卷四 | 七十六 |
| zuó | 昨 | 卷一 | 十一 |
| zuǒ | 左 | 卷一 | 十五 |
| zuǒ | 佐 | 卷四 | 五十 |
| zuò | 座 | 卷一 | 七十一 |
| zuò | 酢 | 卷三 | 四十七 |
| zuò | 坐 | 卷四 | 五 |
| zuò | 作 | 卷四 | 四十八 |